Watchman Nee

El
carácter
del
obrero
de

Dios

Peniel

BUENOS AIRES - MIAMI - SAN JOSÉ - SANTIAGO

www.editorialpeniel.com

El carácter del obrero de Dios
Watchman Nee

Publicado por:
Editorial Peniel
Boedo 25
Buenos Aires C1206AAA - Argentina
Tel. (54-11) 4981-6034 / 6178
e-mail: info@peniel.com

www.editorialpeniel.com

Originally published in english under the title:
The Character Of God's Workman
by Christian Fellowship Publishers, Inc.
Copyright © 1988 by C. Fellowship Pub. Inc.

Copyright © 1994 by Editorial Peniel.

Diseño de interior: arte@peniel.com

Impreso en Colombia
Printed in Colombia

Nee, Watchman
El Caracter del obrero de Dios - 1a ed. - Buenos Aires : Peniel, 2006.
Traducido por: Virginia López Grandjean
ISBN 987-557-118-0
1. Teología Pastoral. I. López Grandjean, Virginia, trad. II. Título CDD 253
224 p. ; 17x11 cm.

Prefacio

En la obra de Dios, el obrero es más importante que el trabajo. Si Dios no puede encontrar a la persona adecuada, prefiere posponer la tarea. Mucho tiempo y esfuerzo empleará el Señor en la capacitación de un obrero apto para el uso del Maestro.

Básicamente, la capacitación se produce más en el área del carácter que en sus habilidades. Solo una nueva criatura puede ser de utilidad para Dios. En cuanto a su posición, *"si alguno está en Cristo, nueva criatura es"* (2 Corintios 5:17); en la vivencia, debe despojarse de los viejos hábitos y formar nuevos hábitos en su vida a través de la obra de la cruz. Antes de que el obrero pueda ser apto para ser siervo de Dios, deben incorporarse a su vida algunas características principales de la vida de Cristo. Si no es así, la obra de Dios sufrirá en sus manos. Será mucho mejor para él no meterse para nada en la obra sagrada de Dios.

Teniendo en cuenta la importancia del carácter del obrero en el servicio a Dios, Watchman Nee dio una serie de mensajes sobre este tema a un grupo de colaboradores en Kuling, en 1948, que luego se publicó en idioma chino. En 1965 la Church Book Room publicó una versión condensada, traducida al inglés por la fallecida señorita Elizabeth Fischbacher. Era una obra de la mejor calidad, bellamente realizada. Sin embargo, comprendiendo la enorme significación de estos mensajes para la obra de Dios y sus obreros, parece pertinente realizar una nueva traducción del texto completo. Al hacerlo, se ha preservado la forma hablada de estos mensajes y se han hecho solo los cambios necesarios para dar claridad al texto.

Las características fundamentales del carácter del obrero de Dios, señaladas por Watchman Nee, son: (1) sabe escuchar; (2) ama a toda la humanidad; (3) está dispuesto a padecer; (4) somete su cuerpo y lo pone en servidumbre; (5) es diligente y no perezoso; (6) refrena su lengua; (7) es estable; (8) no es subjetivo; (9) tiene una actitud correcta en cuanto al dinero; y (10) ha arreglado otros asuntos importantes.

Contenido

Introducción..7

1. Saber escuchar..9
   Aprender a oír.
   Despojémonos de los prejuicios.
   Instrumentos en manos de Dios.

2. Debe amar a toda la humanidad.....................................25
   Valorizar a todos por igual.
   Sirvir al prójimo.
   Amor para servir.
   Interesarse por las personas.

3. Dispuesto a padecer...41
   ¿Qué es el sufrimiento?
   Sufrir con gozo.
   Preparados para padecer.
   Entregados por completo.

4. Somete su cuerpo 59
   Servir con nuestros cuerpos.
   Disciplinar nuestros cuerpos.
   Ser siervos.
   Cuidar el templo de Dios.

5. Diligente, no perezoso 79
   Servir con diligencia.
   Señor: ¿qué quieres que haga?
   La senda de la diligencia.

6. **Refrena su lengua**................................ 99
   Controlar el modo de hablar.
   Doce claves en la forma de hablar.
   Hablar bien cotidianamente.
   Cuidar el hablar ligeramente.

7. **Debe ser estable**................................123
   El ejemplo de Simón Pedro.
   De doble ánimo.
   Características del hombre inestable.
   El fundamento de los ministros.

8. **No debe ser subjetivo**................................147
   ¿Qué es la subjetividad?.
   Problemas de la subjetividad.
   Dispuestos a aprender.
   Hacer la voluntad de Dios.
   Sumisos al Señor.
   Influenciar pero no controlando.

9. **Una actitud correcta hacia el dinero** 167
   Amor al dinero, raíz de todos los males.
   La enseñanza de Jesús.
   La enseñanza de Pablo.
   La administración del dinero de la iglesia.

10. **Otros asuntos que arreglar** 197
    Aferrados a la verdad de Dios.
    No descuides tu cuerpo.
    Enseñado en todo.
    Principios sobre familia.

Introducción

P ara alguien que trabaja en la obra de Dios, su vida personal importa mucho en relación con su tarea. Lo que es en cuanto a su carácter, hábitos y conducta, es esencial para que pueda ser usado por Dios. Esto es algo a lo que debemos prestarle especial atención. Habla de la formación de nuestra naturaleza y el cultivo de nuestros hábitos. Es más que simplemente tener una experiencia ante Dios; involucra la formación de un carácter. El Señor debe crear un nuevo carácter en nosotros. En muchas áreas de la vida necesitamos que el Señor nos ejercite hasta haber desarrollado nuevos hábitos en nosotros. Estas cosas tienen más que ver con nuestro hombre externo, porque es allí que somos recreados para ser aptos para el uso del Maestro.

Naturalmente, todo esto necesita de la gracia y la misericordia de Dios. Nada se completa en un solo día. Pero con suficiente luz y adecuada palabra de parte del Señor, todo lo que es de nosotros y lo que no corresponde se debilitará y desaparecerá bajo la luz, mientras que al mismo tiempo nos será dado un nuevo carácter en resurrección, por la misericordia de Dios. Las pocas cualidades que mencionaremos a partir de aquí han sido extraídas de las experiencias y de comprender a muchos hermanos y hermanas que han servido fielmente al Señor durante muchos años. Si alguna de estas cualidades falta en un líder, la obra del Señor seguramente sufrirá.

1.

Saber escuchar

Aprender a oír

La primera cualidad que debe ser mencionada es la capacidad de escuchar. El que hace la obra del Señor debe poseer en su vida personal el hábito de ser un buen oyente. Esto no es solo escuchar obedientemente, sino también escuchar con entendimiento. Es una gran necesidad en la vida personal de un obrero. Nadie puede hacer una buena obra si siempre está hablando y nunca escucha. Una persona cuya boca es como fuegos artificiales que explotan uno tras otro, es inútil en las manos de Dios. Ningún obrero de Dios puede estar siempre hablando. Porque, ¿cómo podrá discernir el problema de la persona con quien conversa, si él es el que habla todo el tiempo? Es absolutamente inútil para ayudar a las personas. Cuando una persona viene a ti porque desea hablar, debes aprender a escuchar delante de Dios.

Mientras la persona habla, debes poder descifrar tres clases diferentes de palabras: (1) las palabras que habla, (2) las palabras que no habla, (3) y las que están escondidas en su espíritu.

Primero, debes poder escuchar y entender las palabras que habla. Cuando alguien venga a hablarte, debes ser una persona tranquila cuyo corazón no esté perturbado y cuyo espíritu esté tranquilo. Eres como una hoja de papel en blanco, sin prejuicios, sin impulsos ni inclinaciones. Dentro de ti no hay decisión ni juicio. Te colocas en la presencia de Dios en un estado de perfecta quietud. Tan pronto como la persona abre su boca y comienza a hablar, aprendes a escuchar sus palabras. Al escuchar en quietud podrás saber y entender qué dice.

Escuchar no es fácil. ¿Cuánto entiendes realmente cuando un hermano habla de un determinado problema? Algunas veces, doce personas que escuchan a un hermano hablar de una sola cosa, pueden oír doce cosas distintas. Lo que tú oyes es una cosa, y lo que otro oye es distinto. Y de ahí que puedan sacarse docenas de conclusiones distintas. Qué terrible es que a una verdad se la interprete en docenas de maneras. Por lo tanto, aprender a escuchar es una disciplina muy básica y necesaria. Aprender a entender las palabras que las personas dicen es una lección fundamental que debe aprender el obrero de Dios.

Cuando alguien viene a ti con una carga pesada y te cuenta su problema, espera recibir alguna ayuda de ti. Pero si escuchas mal, ¿qué ocurrirá? O si no has escuchado la historia en lo más mínimo, pero tratas de contestarle con ese pensamiento que te ha dado vueltas en la cabeza durante los últimos dos días, ¿qué tipo de confusión estarás creando? Supongamos, por ejemplo, que a una persona le ha dado vueltas por la cabeza una idea durante los últimos dos días. Él comparte el mismo pensamiento con los sanos que con los enfermos, con los que se gozan y con los que se lamentan. No puede simplemente sentarse y escuchar lo que alguien necesitado le cuenta. ¿Crees que puede ayudar a alguien? Obviamente, no. Así que, cuando alguien te hable, tú, como obrero del Señor, debes escuchar con cuidado y tratar de descubrir qué está dice realmente esa persona.

Es mucho más difícil para un obrero de Dios tratar los problemas espirituales de la gente, que para un médico examinar a sus pacientes en busca de problemas físicos. Esto es así porque un médico tiene la ayuda de los análisis que se hacen en los laboratorios, mientras que el obrero de Dios prueba todo consigo mismo. Un hermano o hermana viene a ti y habla durante media hora. Durante esta media hora expone todos sus problemas ante tu vista. Tú no sabes nada sobre su vida diaria, ni sobre su situación familiar, ni sobre su situación frente al Señor. Media hora es mucho tiempo; ¿cómo vas a ayudarlo si no eres un buen oyente?

Todos los obreros de Dios deben desarrollar la capacidad de sentarse, escuchar y descubrir el verdadero tema de lo que han escuchado. Los que somos obreros de Dios debemos prepararnos a tal punto que tan pronto como las personas comiencen a hablar, podamos comenzar a saber casi inmediatamente dónde está la causa.

Pronto tendremos en nuestra mente una imagen clara de la situación. Y así sabremos si podemos manejar el caso. A veces la situación en que se encuentra un hermano supera toda nuestra capacidad de ayudar. En ese caso debemos decírselo francamente. Tan pronto como escuchemos sus palabras, sabremos exactamente dónde está ubicado él y dónde estamos ubicados nosotros.

Segundo, debemos poder escuchar y entender las palabras que no ha hablado. Debemos escuchar ante Dios las palabras que la persona no ha pronunciado. Debemos poder discernir cuánto se ha dicho y cuánto debería haber sido dicho, pero no lo fue. Escuchar estas palabras es mucho más difícil que escuchar las palabras habladas. Porque mientras en el primer caso las palabras son pronunciadas, ahora debemos percibir las que no han sido emitidas. Cuando una persona habla, generalmente dice la mitad y deja la otra mitad sin decir. En ese caso el obrero debe discernir. Pero si no tienes disciplina, no podrás escuchar lo que no ha sido hablado. Por el contrario, agregarás tus propias ideas, que no son en lo más mínimo las de quien ha hablado. Esto muestra que algo no anda bien en tu propia mente. Porque traerás a la fuerza algo que él no ha concebido en su mente ni ha pronunciado en sus palabras. Lo has malentendido por completo.

Para juzgar lo que una persona ha hablado y lo que no ha hablado, debes estar abierto delante de Dios. Muchas veces las personas comentan cosas no pertinentes, pero omiten lo que sí es pertinente y por lo tanto importante. Tu capacidad de discernir si las palabras esenciales han sido pronunciadas o no, depende de tu propia relación con Dios. Así que cuando un hermano venga a hablarte, debes saber claramente qué es lo que no ha dicho, tanto como qué es lo que ha dicho. Y también debes entender qué es lo que hay detrás de esas palabras que no ha dicho. Solo entonces tendrás confianza ante Dios en cuanto a la forma de ayudarlo, sea con una exhortación, una reprensión o lo que sea. Si tú mismo no lo tienes en claro, no podrás escuchar; simplemente dirás lo que tienes en tu propia mente. Pero después de decir tu última palabra, seguirás ignorando su problema; y así no le habrás sido de ninguna ayuda. El punto importante aquí es que una persona que no sabe escuchar es de muy poca utilidad para la obra de Dios.

Lamentablemente, parece que muchos padecen esta enfermedad de no saber escuchar las palabras, sean habladas o no. Si es así, ¿cómo puede esperarse que brinden alimento espiritual en el momento oportuno?

Tercero, debemos escuchar y entender las palabras escondidas en el espíritu del hombre. No escuches solo las palabras pronunciadas y las no pronunciadas; escucha también

las que podríamos llamar "palabras en el espíritu". Cuando
un hombre abre su boca y habla, su espíritu interior también
habla. Mientras él quiere hablar contigo, tienes la oportunidad de llegar hasta su espíritu; pero cuando su boca está cerrada, su espíritu está encerrado dentro de él; y como consecuencia, no es fácil conocer las palabras que están muy en lo
profundo de su ser. Pero cuando abre su boca, su espíritu
puede empezar a aparecer. No importa cuánto trate de controlarse, su espíritu se manifestará. Aún así, el hecho de que
tú puedas o no detectar estas palabras escondidas en su espíritu, depende en gran manera de tu propio ejercicio espiritual ante Dios. Si has aprendido, podrás reconocer no solo
las palabras habladas y no habladas, sino también las palabras en el espíritu. Mientras él hable, tú podrás percibir cuáles son esas pocas palabras que vienen de su hombre interior. Y así podrás comenzar a comprender qué es lo que hay
en su espíritu, tanto como qué es lo que hay en su mente.
Ahora puedes tratar correctamente a este hermano. De otra
forma, ¿cómo podrás curar su enfermedad si, después de escucharlo durante media hora, no reconoces cuál es el verdadero problema?

Esta capacidad de escuchar es realmente una necesidad
urgente para nosotros como obreros. Qué triste es que muchos hermanos y hermanas no sean buenos oyentes. Aunque converses con ellos durante una hora, no te entienden.
En realidad, su capacidad de escuchar está lejos de ser la
adecuada. Si una persona no puede comprender lo que le
dice un hombre, ¿cómo podrá comprender lo que Dios le
dice Si no puede oír claramente las palabras que hablan las
personas que se sientan a su lado, ¿cómo podrá escuchar a
Dios, que habla dentro de él desde el cielo? Si no puede
comprender las palabras audibles de los hombres, ¿cómo
podrá entender las palabras que Dios habla a su espíritu?

¿Qué puedes decirle a un hermano si no puedes diagnosticar su enfermedad espiritual y finalmente encontrar cuál es el problema?

No le quitemos importancia a este asunto. Porque a menos que podamos trabajar bien en esta área, no llegaremos a ser capaces de ayudar a las personas, aunque quizá podamos estudiar bien la Biblia, predicar bien y hacer muchas otras cosas bien. No debemos ser solo predicadores, que se paran en una plataforma y le hablan a la gente; también debemos poder tratar efectivamente con ellos.

¿Cómo podemos brindarle ayuda a las personas si no sabemos escuchar ni siquiera lo que nos dicen? Consideremos la importancia de este asunto.

¿Cuánto tiempo has pasado ante Dios aprendiendo a escuchar lo que las personas dicen? ¿Has pasado siquiera algo de tiempo en esto? Debemos dedicar tiempo a escuchar las palabras pronunciadas, las que no son pronunciadas, y las palabras escondidas en el espíritu. Por favor, comprende que las palabras que una persona pronuncia con su boca no necesariamente están de acuerdo con las que están escondidas en su espíritu. Muchas personas hablan de una forma, pero sus espíritus están en otras condiciones. Sin embargo, la boca de una persona no puede esconder su espíritu en forma permanente. Tarde o temprano su espíritu se revelará. Y cuando se revele, entonces sabrás exactamente dónde está. Pero si no sabes esto, es bastante difícil ayudar a las personas.

Cierta vez había un viejo médico que conocía solamente dos medicinas: una era el aceite de castor, y la otra eran píldoras de quinina. No importaba quién viniera a consultarlo, él siempre recetaba aceite de castor o quinina. Solo usaba estas dos drogas como panaceas para todas las enfermedades. Como él, hoy muchos hermanos tratan con las personas de una o dos maneras. No importa cuál es la situación en que se encuentra el necesitado; ¡siempre usan las mismas palabras al dar la solución! Estos hermanos no pueden ayudar a las personas. Todos los que son llamados y usados por Dios deben tener esta capacidad: que tan pronto como una persona comienza a hablar, sepan inmediatamente o poco después qué es lo que está diciendo. Si no tenemos esa capacidad, no podemos sanar las enfermedades espirituales de las personas.

Despojémonos de los prejuicios

¿Cómo podemos escuchar y comprender?

Primero, no debemos ser prejuiciosos. Tomemos conciencia de que la principal razón por la que no podemos escuchar y comprender las palabras de otras personas, es porque tenemos prejuicios. Una persona prejuiciosa no puede saber lo que dicen los demás. Si tienes una idea preconcebida de una persona o una opinión subjetiva sobre algo o alguien, no podrás escuchar lo que te digan. Porque estarás lleno de tus propios pensamientos sobre ese tema o sobre la persona en cuestión. Tu opinión está tan enraizada en ti, que no tienes lugar para considerar la idea de otra persona.

Volviendo al ejemplo anterior, sin tener en cuenta cuál era la enfermedad, el médico había predeterminado que la curaría siempre con aceite de castor. Así que cuando se enfrentaba a alguna persona necesitada, lo único que podía recetarle era esa medicina. ¿Cómo podrá una persona que tenga esta tendencia, escuchar a otra persona para ayudarla? Cuando un hermano o una hermana venga a él, no estará en condiciones de comprender y ofrecerles ayuda en sus problemas espirituales. Ya ha decidido de antemano decirles ciertas palabras; y aparte de ellas, no tiene nada que decir. Puede tener mucha confianza en sí mismo, pero no conoce las dificultades que viven estas personas. ¿Cómo, entonces, podrá tal persona hacer la obra de Dios?

Por tanto, debemos pedirle al Señor que nos enseñe a no ser prejuiciosos. Digámosle al Señor: "Señor, haz que no tenga prejuicios o prediagnósticos cuando entre en contacto con las personas. Señor, no me corresponde decidir qué enfermedad deberían tener, sino qué enfermedad tienen en realidad".

Aprendamos a no ser prejuiciosos; no nos aferremos a nuestra propia idea o punto de vista. Escuchemos con cuidado. Tratemos de llegar a la causa oculta y discernir el verdadero problema.

Segundo, no debemos ser distraídos. Muchos hermanos y hermanas no son disciplinados en sus pensamientos. Su mente está constantemente dando vueltas con pensamientos inacabables.

Piensan en esto y en aquello; su mente está siempre llena de diferentes ideas. Y de esta forma, no queda lugar para que los pensamientos de otras personas, expresados en forma de palabras, puedan penetrar en sus mentes. Su cerebro nunca descansa. Están tan ocupados con sus propias ideas que no pueden aceptar y considerar los pensamientos de otros. Teniendo en cuenta esto, nuestra mente debe estar disciplinada si deseamos escuchar lo que dicen las personas. Porque cuando una mente gira como una rueda, no puede entrar nada más. Cuando un obrero del Señor escucha a otro hermano o hermana, su propia mente debe ser acallada. No solo no debe tener prejuicios; su mente debe estar en quietud.

Debemos aprender a pensar lo que el otro piensa y escuchar lo que el otro dice; hasta debemos aprender a escuchar el pensamiento que se esconde en las palabras. Si no es así, seremos de muy poca utilidad.

Tercero, debemos ser sensibles al estado de ánimo de los demás.

Este es otro requisito básico para ser un buen oyente, que es que, mientras escuchamos, debemos llegar hasta las emociones de la persona. Para lograr esa comprensión, debemos entrar en el estado de ánimo de la otra persona mientras escuchamos sus palabras. Supongamos que una persona está profundamente angustiada y entristecida, pero tu propio espíritu está feliz y despreocupado. En ese caso, aunque puede ser que oigas mucho, sin embargo, no registrarás nada. Esto sucede porque tu estado de ánimo no está en armonía con el suyo. Como consecuencia, no puedes comprender lo que le ha sucedido. Una persona cuyas emociones no han sido disciplinadas no puede entrar en las emociones de otra. Si Dios no ha trabajado en ella antes, una persona no puede cantar aleluya con el gozo de otra ni llorar con su pena; y, por lo tanto, no puede escuchar lo que le dicen.

¿Cómo podemos entrar en los sentimientos de otras personas? Debemos mantener nuestras emociones suficientemente neutrales. La persona que viene a ti tiene su propio estado emocional, y si el tuyo no es neutral no podrás sentir lo que ella siente. Estarás tan ocupado con lo que tú sientes que serás totalmente incapaz de reconocer y entrar en lo que ella siente. Por amor del Señor, debemos volvernos siervos de todos los hermanos. Les daremos no solo nuestro tiempo y nuestra energía, sino también nuestros sentimientos y emociones. Esto es algo realmente muy importante.

Además de ayudar a las personas en sus problemas, entramos en sus sentimientos manteniendo nuestros sentimientos y emociones libres. Y dado que nuestros propios sentimientos están libres y por tanto, a nuestra disposición, podemos fácilmente entrar en los de los demás. Es así como nuestro Señor Jesucristo, habiendo sido tentado y probado en todas las cosas, puede simpatizar plenamente con nosotros (ver Hebreos 4:15; compare con 2:18).

Lo que se ha dicho hasta ahora explica las razones por las cuales debemos tener en orden nuestras emociones. Nuestros afectos, ya ordenados, no estarán concentrados en sí mismos; no solo debemos reservar tiempo y energías para las personas, también debemos reservar nuestras emociones para ellos. Esto significa que mantendremos neutrales nuestras propias emociones, sean amor, gozo o tristeza, cuando escuchemos a otra persona, para poder entrar más fácilmente en sus emociones. De no ser así, una sola emoción nuestra puede poseernos y llenarnos de tal manera que no quede lugar en cual pueda entrar la emoción de la otra persona, para que podamos responder a su necesidad.

A quien está aprendiendo a servir al Señor, Dios le demanda mucho. No tiene tiempo de estar gozoso por sí mismo, o de estar triste por sí mismo. Porque si sigue gozoso o triste, amando u odiando por sí mismo, ya estará tan concentrado y lleno de su propio yo que no le quedará fuerza emocional para responder a las necesidades de otros hermanos y hermanas. Por tanto, comprendamos que el obrero de Dios siempre debe mantener sus emociones neutrales en su interior; de no ser así, será como una casa tan llena de cosas que no queda lugar para nada más.

Muchos hermanos y hermanas no pueden realizar la obra de Dios, porque ya han agotado su amor. No pueden emprender nada más.

Deberíamos saber que las fuerzas de nuestra alma son tan limitadas como nuestro poder y nuestra fuerza física. Nuestros afectos tienen un límite. Si gastamos más en esta área o en aquella otra, tendremos menos, o directamente nada, para esa otra área.

¿Es extraño o incorrecto decir que el que ama demasiado a las personas no puede trabajar para el Señor? Sin embargo, Jesús dijo esto: *"Si alguno viene a mí, y no aborrece a su padre, y madre, y mujer, e hijos, y hermanos, y hermanas, y aun también su propia vida, no puede ser mi discípulo"* (Lucas 14:26). ¿Por qué es así? Porque al amar a estas personas, hemos usado todo nuestro amor.

En cambio, debemos amar al Señor nuestro Dios, y hacerlo con todo nuestro corazón, toda nuestra alma, todas nuestras fuerzas y toda nuestra mente. Debemos tomar todo nuestro amor y derramarlo ante Dios. Sería bueno que un día nos probáramos y descubriéramos qué limitados estamos en nuestra vida afectiva, así como en otras áreas de la vida. Necesitamos saber que nuestra capacidad es limitada. Somos como un barco tan lleno hasta el tope, que no se le puede agregar nada más. En realidad, tenemos un límite. Por lo tanto, para poder entrar en las emociones de otras personas, debemos tener en buena reserva nuestros sentimientos, nuestros afectos y nuestros pensamientos, por Dios y por los demás.

Entonces, y solo entonces, podremos, como siervos de Dios, entrar en los sentimientos de muchos hermanos y hermanas.

Cuando nuestras dos manos están ocupadas con alguna tarea, no podemos aceptar ninguna más. Cuando nuestro corazón ya está muy cargado, no podemos aceptar las cargas de los demás. Aquel que es emocionalmente menos autoindulgente, puede abrazar mucho más las necesidades de los demás. Alguien quizás se ame demasiado a sí mismo; otro quizás ame demasiado a su familia. Si es así, esta persona siempre estará en falta en su amor a los hermanos. Porque el amor de un hombre tiene un límite; a menos que deje de lado otros amores, realmente no tendrá amor para los hermanos. Y el amor a los hermanos, como sabemos, es uno de los requisitos principales en la obra de Dios.

Por esta razón, la condición fundamental de la obra divina es conocer la cruz. Quien no conoce la cruz es inútil para la obra de Dios. Sin el conocimiento experimental del Calvario, somos, sin excepción, personas llenas de prejuicios. Si no conocemos la cruz, nuestros pensamientos fluirán incesantemente como ríos. Si no conocemos la cruz, sólo podremos vivir en nuestras propias emociones. Como consecuencia, es imperativo que conozcamos la cruz. No hay caminos fáciles ni atajos para nosotros. Debemos tener en orden estos aspectos básicos con Dios, sin los cuales no seremos de utilidad espiritual. Aprende a buscar la misericordia de Dios para con nosotros, para que podamos ser liberados de nuestros prejuicios, nuestras distracciones y de la insensibilidad ante los sentimientos de los demás. El obrero debe abrirse para poder recibir los problemas de otras personas. Y al hacerlo podrá conocer las palabras, habladas o no, y hasta sus propios espíritus.

Instrumentos en manos de Dios

A medida que los que hacemos la obra del Señor comencemos a escuchar así, nuestra capacidad de hacerlo mejorará notablemente.

Nuestra comprensión crecerá a tal punto que en el mismo momento en que una persona abra su boca, sabremos lo que dice.

Recordemos que a menos que seamos como una hoja de papel en blanco por dentro, no se podrá escribir ninguna palabra en ella.

Para escuchar y comprender lo que las personas dicen, debemos estar en un estado de calma, sin pensamientos, ideas preconcebidas o emociones personales, para poder escuchar con tranquilidad. Lo que es esencial para un obrero no es cuántos conocimientos tiene, sino qué clase de persona es. Dado que no tenemos ningún instrumento excepto nosotros mismos, Dios nos usará, como personas, para medir a otras personas. Pero si no estamos bien, no podremos ser usados por Dios. No utilizamos instrumentos físicos para examinar a las personas. Sería mucho más simple si existiera un instrumento físico con el cual pudiera medirse o examinarse la espiritualidad de otras personas. Por ejemplo, un termómetro puede fácilmente medir la temperatura corporal. Pero en la obra del Señor, ese termómetro somos nosotros mismos. Tú y yo, como personas, debemos probar el estado y la condición en que se hallan los demás. Por consiguiente, la clase de personas que seamos como instrumentos de Dios es de extremada importancia. Si somos instrumentos defectuosos o mal calibrados, no se podrá lograr nada, ya que Dios no podrá utilizarnos para obrar en otras personas. Por tanto, ser un buen oyente es absolutamente esencial como primer paso para ser obreros eficaces para nuestro Señor.

Por ejemplo, viene alguien para hablar contigo y contarte una dificultad que está atravesando. Si no has sido disciplinado delante de Dios, estarás muy tentado a darle alguna enseñanza.

Este es un error muy común en todos nosotros, ¿no es así? Siempre que alguna persona trata de contarnos algo, ¿no es cierto que la mayoría de las veces abrimos la boca para enseñarle, antes de sentir su pulso espiritual y diagnosticar su enfermedad espiritual? Muchos de nosotros somos demasiado impacientes como para escuchar hasta el final. Hacemos sugerencias antes de conocer los problemas. Rápidamente enseñamos y corregimos después de oír tan solo unas pocas palabras. Entonces, ¿cómo puede alguien recibir una verdadera ayuda de nosotros?

Sin embargo, ¿significa esto que debemos sentarnos y dejar que una persona hable durante tres o cinco horas? Eso tampoco sería correcto. Porque algunas personas pueden hablar durante horas, esperando que tú las escuches. No podemos dejar que sigan hablando indefinidamente. Hablando en general, debemos darles suficiente tiempo como para expresar su problema; y por lo tanto, debemos escucharlos durante un tiempo suficiente. Si tenemos todo bastante en claro dentro de nosotros, y durante diez o veinte años hemos aprendido a escuchar y comprender, dudaremos antes de interrumpir a quien habla. Para llegar a la raíz de una situación en particular, es necesario escuchar durante un cierto tiempo. Recuerda que nuestra obra es bastante compleja, ya que tratamos con seres vivos que tienen problemas reales y se sienten en verdad confusos espiritualmente ante Dios. Jamás debemos decir o intercalar alguna palabra antes de haber llegado a la causa profunda de una determinada situación. ¿Cómo podremos emitir un juicio si ni siquiera tenemos en claro la situación?

Considerando el hecho de que tratamos con personas vivas, problemas reales y confusiones espirituales, debemos estar en calma y sin prejuicios delante de Dios. La razón principal por la cual muchos no pueden ayudar a otros es su incapacidad para escuchar. Por lo tanto, pidámosle a Dios que nos dé gracia para que mientras una persona hable con nosotros, podamos sentarnos a escucharla con calma y comprender lo que dice. A menos que escuchemos con mucho cuidado, jamás podremos comprender. La comprensión es la clave de un servicio exitoso. No es fácil hablar, pero escuchar es aún más difícil.

Muchos predicadores están acostumbrados a hablar, y por lo tanto ellos, particularmente, encuentran bastante difícil sentarse y escuchar. Pero esta es la primera lección que todos debemos aprender.

El no poder ser transparente por dentro, escuchar, comprender y llegar a los sentimientos que se esconden tras las palabras que oímos, nos causará enormes dificultades en nuestro servicio al Señor. Tratemos de ver si podemos escuchar lo que las personas nos dicen, tratemos de ver si podemos comprenderlas. La calma exterior no basta; necesitamos que Dios haya arreglado nuestros prejuicios, nuestros pensamientos y sentimientos. Puede evitarse corregir muchas cosas, pero esto es fundamental, es una obligación. Si no lo hacemos, podremos escuchar externamente y estar en oscuridad en nuestro interior; por lo tanto, no comprenderemos. Debemos ser instrumentos de Dios y, como verdaderos instrumentos, poder saber si una persona es fría o caliente, normal o anormal, porque nos hemos convertido en verdaderos termómetros espirituales. Pero si no somos sensibles, quizá demos un diagnóstico errado.

Hay una idea equivocada muy extendida entre los cristianos. Muchas veces piensan que mientras un obrero sepa hablar, todo está bien. Por el contrario, no está todo bien. Hacer la obra de Dios no solo es cuestión de hablar, es cuestión del espíritu.

Debemos discernir los complejos problemas entre hermanos y hermanas, y saber cómo guiarlos. ¿Podremos ayudarlos, si somos insensibles y oscuros por dentro, a tal punto que no podemos percibir su condición actual?

Cuando le predicas el evangelio a un pecador, ¿cómo sabes si es o no salvo? ¿Es por lo que dice? No, lo sabes en tu espíritu.

¿Cómo sabes que él pertenece al Señor? ¿Es porque dice: "Yo creo en Cristo, por lo tanto soy salvo"? ¿Bautizas a cualquiera que recita esa fórmula? De ninguna manera; sino que lo sabes internamente. Y de la misma forma en que mides a un no creyente con ese termómetro y ese instrumento, de igual forma puedes medir a un hijo de Dios con el mismo instrumento. ¿Cómo sabes si la situación espiritual de un hijo de Dios es normal? Lo sabes y lo disciernes por la luz que tienes en ti mismo como termómetro de Dios. Por esta razón Dios debe trabajar en nosotros a tal punto que lleguemos a ser termómetros espirituales fieles y efectivos; instrumentos espirituales fieles y efectivos en manos de Dios.

Pero si hay una falla interna, tendremos tendencia a errar, y el resultado será desastroso. Por lo tanto, lo que necesitamos dentro de nosotros es luz espiritual.

Qué triste es que muchos hermanos y hermanas no puedan sentarse a escuchar porque están en oscuridad en su interior. Tomemos conciencia de que debemos aprender a estar en calma y comprender lo que las personas dicen. Debemos abrirnos para aceptar las cargas de los demás. Entonces, al conocer el interior, sabremos dónde está el problema y cómo ayudar.

2.

Debe amar a toda la humanidad

Valorizar a todos por igual

Los que trabajan en la obra del Señor no solo deben amar a los hermanos, sino a toda la humanidad. *"El que escarnece al pobre"*, dijo Salomón, *"afrenta a su Hacedor"* (Proverbios 17:5a). Todos los hombres son creados por Dios; por lo tanto, todos deben ser amados. Si un obrero no tiene suficiente amor por los hermanos, o si tiene ese amor por los hermanos pero no por la humanidad en general, no está capacitado para servir a Dios. Porque amar a los hombres, o demostrar amor a los hombres, es una cualidad esencial para el servicio a Dios. Todos aquellos que ven con ira y desprecio a las personas, no son aptos en lo más mínimo para ser siervos del Señor.

Debemos comprender que aunque todos los hombres han caído, aun así son objeto de la redención de nuestro Señor Jesucristo, de la misma forma que fueron creados por Dios. Aun a pesar de la dureza de su corazón, el Espíritu Santo les da convicción de pecado. El Señor Jesús vino a esta Tierra; vino a ser un hombre. Como el resto de la humanidad, creció gradualmente desde su nacimiento hasta la madurez. Porque Dios quiso poner en la Tierra un Hombre Modelo, un Hombre Representante, en quien reposaran todos los propósitos de Dios. Luego de la ascensión de Jesús, surgió la Iglesia, que no es nada más que la formación de un hombre nuevo.

Todo el plan de la redención es exaltar y glorificar al hombre.

Algún día, cuando lleguemos a una comprensión más profunda de la palabra de Dios, el término "hombre" nos será más aceptable que la expresión "los hijos de Dios". Porque comprenderemos que el plan prefijado y la elección de Dios es obtener un hombre glorioso. A medida que, gradualmente, percibamos el lugar del hombre en el plan de Dios como punto central de su propósito, y cuando realmente veamos a Dios humillándose para ser un hombre, el enorme valor del hombre nos impresionará. Cuando nuestro Señor Jesús estaba en la Tierra, declaró que *"el Hijo del Hombre no vino para ser servido, sino para servir, y para dar su vida en rescate por muchos"* (Marcos 10:45). La palabra que dice el Señor aquí es tan clara: el Hijo del Hombre vino a servir a los hombres. El Hijo de Dios se convierte en el Hijo del Hombre en la Tierra, para poder servir a los hombres. Así se nos muestra la actitud del Señor Jesús para con la humanidad.

Muchos que trabajan para Dios tienen una grave deficiencia, que es que carecen por completo de amor por la humanidad. Les falta el respeto adecuado por los hombres, y también el conocimiento del valor del hombre a los ojos de Dios. Hoy nos sentimos dichosos porque aparentemente hemos aprendido a tener un poco de amor por los hermanos. Antes no amábamos a nadie; ahora podemos mostrar nuestro amor hacia los hermanos al hacer algo por ellos.

No es de extrañar que estemos tan felices. Pero esto es mucho menos que suficiente. Necesitamos que Dios nos amplíe tanto que lleguemos a ver que todas las personas deben ser amadas y valoradas. El hecho de que tengas éxito o no en tu futuro trabajo para Dios, depende principalmente de tu actitud con respecto al valor del hombre. La profundidad de tu obra será medida por tu interés y tus sentimientos hacia los hombres. Con esto no nos referimos a tu interés por una o dos personas especiales o inteligentes. Simplemente hablamos de tu interés por el "hombre" *per se*. Es un tema muy importante.

El sentido primordial de la expresión de Jesús, *"el Hijo del Hombre (...) vino"* yace en el inmenso interés del Señor en el hombre, tanto como para convertirse él mismo en hombre. Ese es su interés en el hombre; pero, ¿qué del tuyo? Muchas personas no despiertan tu interés; muchas personas no te despiertan simpatía.

Pero preguntémonos cuál es la actitud del Señor hacia ellas. El afirma que *"el Hijo del Hombre (...) vino"*. Esto significa que Él toma el lugar de un hijo de hombre entre los hombres. Está interesado en el hombre, se compadece de él, lo valora. Su interés en los hombres es tan grande que realmente se pone a nivel humano para servir a la humanidad. Qué extraño es que muchos hermanos y hermanas no tengan interés en el hombre. ¿No debería esto provocarnos una ira santa? Preguntémonos si realmente entendemos lo que significa en verdad esta expresión: *"el Hijo del Hombre *(...) vino"*. Cuando estamos en la presencia de Dios deberíamos ver que estas palabras de nuestro Señor Jesús revelan su enorme interés en el hombre. ¿Cómo podemos pensar o decir que no tenemos interés en las personas con quienes estamos?

Esta actitud es realmente absurda.

Por lo tanto, en la vida del obrero de Dios existe otro elemento básico para la formación de su carácter, que es que se interesa por todas las personas. Sin embargo, esto no sugiere que pueda elegir por qué personas se interesará, que considerará solo a una o varias personas que le parezcan interesantes y dignas de ser amadas. No; debe estar interesado en el hombre *per se*.

Porque, observemos la característica del Señor Jesús, que Él tenía un interés profundo en toda la humanidad. Había tal amor en él hacia toda la humanidad, que podía decir: *"el Hijo del Hombre (...) vino"*. Supongamos que vamos a un lugar a trabajar para Dios. Si podemos decir que vamos a ese lugar, no a ser servidos por la gente que está allí, sino para servirles, entonces, nuestra actitud será la correcta, nuestra forma de actuar será la correcta y nuestra posición será la correcta. Seremos como Jesús, el Hijo del Hombre.

Siempre deberíamos recordar que, como siervos de Dios, no debemos guardar nuestro amor en un rincón hasta que aparezcan algunos hermanos cristianos. Todos los que sostienen este error, es decir, los que sostienen que su amor está reservado solo para los hermanos, son incapaces de llevar a cabo la obra de Dios.

Sepamos y declaremos inequívocamente que el amor de los hermanos viene después, y es una propuesta totalmente diferente. Debes tener amor por la humanidad en general, y compasión por ella.

Porque Juan 3:16 deja en claro que *"de tal manera amó Dios al mundo"*. ¿Qué significa *"el mundo"* aquí? Se refiere a las personas del mundo, incluyendo a los que no son salvos y a los ignorantes. Dios ama a todas las personas del mundo. Ama a cada una de las personas de esta Tierra. Si no te interesa una persona que Dios ama, y más aún, si lo amas solamente después de que se convierte en un hermano cristiano, tu actitud es completamente distinta de la del Señor y, por lo tanto, no puedes servir a Dios. Tu corazón debe ensancharse a tal punto que sientas que todas las personas deben ser amadas. Mientras este o aquel sea una persona, lo amarás. Solo entonces estarás capacitado para servir a Dios.

Servir al próximo

"Porque el Hijo del Hombre no vino para ser servido, sino para servir." Así se completa la frase del Señor Jesús. En otras palabras, la actitud del Señor aquí es siempre la de no buscar absolutamente nada de parte del hombre. Debemos interesarnos por todos los hombres y amarlos, pero al mismo tiempo, no debemos tener ningún pensamiento de aprovecharnos de ellos o buscar su servicio. No debemos hacer nada que los avergüence o defraude, como tampoco buscar que nos sirvan.

Quizás luego de muchos años de educación, has llegado a la etapa en que puedes usar la expresión "mi prójimo". Esta no es meramente una expresión vocal; significa algo así como un sentimiento. Por ejemplo, puedes tener muchos que sean tus "compañeros en la fe". Sabes que ellos son tus hermanos y hermanas en Cristo, y tienes un sentido de hermandad hacia ellos.

Pero vayamos un paso más adelante. Dado que vives entre tantas personas, ¿te sientes, alguna vez, "prójimo"? ¿Cómo puedes servir al Señor si no tienes ese sentir? Todos los que sirven al Señor son almas "grandes"; es decir que sus almas son tan espaciosas que pueden abrazar a todos los hombres en su corazón. En esto mismo, sin embargo, hay un gran problema: muchos obreros de Dios no tienen este amor básico por la gente. Si el amor por los hermanos es tan débil entre nosotros, ¿cómo podemos hablar del amor por los hombres? ¡Posiblemente elijamos una persona entre cien, o acaso una entre diez mil, para amarla! Esto prueba que no hay amor por la humanidad en nuestros corazones.

Deberíamos recordar que todos los seres humanos, incluyéndonos a nosotros, son creados por Dios para ser "prójimos". Por consiguiente, nuestros corazones deberían ensancharse para amar a todas las personas a quienes Dios ha creado para que sean nuestros prójimos. Y esto significa que no debemos defraudarlos, ni aprovecharnos de ellos, ni siquiera buscar que nos sirvan: *"Porque el Hijo del Hombre no vino para ser servido, sino para servir"*. Como cristianos que vivimos en la Tierra, debemos considerar vergonzoso defraudar al prójimo. No solo está mal defraudar a un hermano; ¡también está mal defraudar a un hombre, y punto! Observa la actitud de nuestro Señor Jesús hacia la humanidad. En el aspecto negativo, no busca ser servido; ni siquiera se le ocurre la más remota idea de obtener algo del hombre. Nosotros también debemos tener esa misma actitud continuamente: no hacer nada egoístamente, para que las personas nos sirvan o que nos apoyen a sus expensas.

Por orden del Señor, los hijos de Dios no debemos aprovecharnos de otras personas. Por ser prójimos, no debemos buscar obtener ganancia de ellos. Debemos reconocer ante el Señor que todos los hombres, en todo lugar, deben ser amados. Y por tanto, si acaso no tienes interés alguno en la humanidad, entonces, lo que puedas hacer para el Señor será muy, muy limitado. Porque Él espera que sus siervos puedan ensancharse, para interesarse por toda la humanidad. Y así recibirán la gracia para servir a Dios.

Amor para servir

"Porque el Hijo del Hombre no vino para ser servido, sino para servir, y para dar su vida en rescate por muchos" (Marcos 10:45).

"Porque el Hijo del Hombre vino a buscar y a salvar lo que se había perdido" (Lucas 19:10). *"...yo he venido para que*

tengan vida, y para que la tengan en abundancia" (Juan 10:10b). Jesús vino por todos los hombres. Vino a servir y a dar su vida en rescate por muchos. Esto indica que el propósito de su venida es servir al mundo. El mundo tenía una especial necesidad que requería que Él diera su vida como rescate. En respuesta a esa necesidad, el Señor Jesucristo dio su vida. Al ser el rescate de muchos, Jesús lleva a cabo la mayor y más elevada obra de servicio.

Si citamos exactamente sus palabras, debemos observar que el Señor Jesús no dijo: "el Hijo del Hombre vino a dar su vida en rescate por muchos", sino que dijo: *"el Hijo del Hombre (...) vino (...) para servir"*. Su intención es servir a la humanidad.

Porque Él se interesa por todos; los ve como personas a quienes amar y también servir. Los sirve para llenar la necesidad fundamental del hombre: la necesidad de un Salvador; por eso da su vida como rescate por muchos. No podemos realizar la obra del Señor si solamente predicamos el evangelio de su redención, pero nos falta el amor para servir al mundo.

Es el hombre el que debe ser amado; por lo tanto, el Señor viene a servir como el Hijo del Hombre, no como el Hijo de Dios.

Primero sirve, primero ama, después da su vida por muchos.

Primero amor, después sacrificio. Cuando te muevas entre la gente, no podrás predicar el sacrificio del Señor si no tienes amor. No creas que debes predicarle a una persona hasta que se convierta en un hermana, antes de amarla. No es así. A menos que puedas apreciar el hecho de que todos los seres humanos son creados por Dios, no estarás en el espíritu correcto para predicarles el amor sacrificial. Primero debemos amar a los hombres, antes de guiarlos a recibir al Señor. Jamás deberíamos esperar a que hayan recibido a Cristo y sean hermanos y hermanas para empezar a amarlos.

Es realmente lamentable que hoy muchos tengan este defecto, este problema. Generalmente se guardan su amor hasta que las personas se convierten en hermanos y hermanas en Cristo. Pero nuestro Señor no fue así cuando estuvo en la Tierra. Primero amó sirviendo a las personas, y luego entregó su vida por ellas. Todos los que predican las buenas nuevas de redención deben, de igual manera, amar primero a los hombres, y luego proclamarles el evangelio. Nuestro Señor primero sirvió y dispensó gracia a los hombres, antes de morir por ellos. Interesémonos nosotros también por todas las personas y reconozcamos su enorme valor; mostrémosles gracia nosotros también, antes siquiera de presentarles la obra redentora del Señor por ellos.

Si Dios abre nuestro corazón para que veamos que somos prójimos, nuestra actitud hacia toda la humanidad cambiará completamente.

Sentiremos el profundo valor y la capacidad de ser amadas que tienen todas las personas. Déjame afirmar, sin lugar a dudas, que es absolutamente esencial que veas cuán amado es el hombre a los ojos de Dios, ya que ha sido creado por Él a su imagen. Para el corazón de Dios, todos los seres humanos, aún en la actualidad, siguen siendo como aquellos que Él creó originalmente a su imagen. Por lo tanto, debes amar a todas las personas antes de mezclarte con ellas y servirles con el evangelio. Reconozcamos el valor y la capacidad de ser amados que todos los seres humanos tienen ante Dios.

Muchos hermanos y hermanas que están ocupados en la obra del Señor, tienen una actitud equivocada hacia la humanidad.

Consideran a las personas con las que están en contacto como una molestia, una carga, una atadura. Este es un terrible error.

Aprendamos a reconocer delante del Señor que el hombre es creado por Dios. Aunque es verdad que puede haber caído, de todas formas aún tiene rastros de la imagen de Dios, y sigue teniendo la esperanza de un futuro glorioso por medio del evangelio de Jesucristo. Al reconocer esto, sentiremos que debemos amar a ese hombre. Ya no trataremos a las personas como molestias o ataduras. Si nuestro Señor fue a la cruz por ellas, ¿podemos nosotros amarlas menos? Quien ha sido realmente tocado por el Señor y comprende realmente por qué Él vino a este mundo, puede percibir fácilmente que los seres humanos deben ser amados. A tal persona le es imposible no amar a la humanidad.

El hombre debe ser amado. Todos sus pecados pueden ser perdonados; todas sus debilidades pueden ser pasadas por alto; y todas sus carnalidades pueden ser previstas. Dado que nosotros también somos pecadores, podemos comprender la trágica historia del hombre. Por otra parte, también conocemos el valor del hombre. No pensemos que el Señor Jesús vino a morir por la gran cantidad de personas que hay en el mundo. Porque Él mismo ha explicado que el pastor sale a buscar a una oveja perdida (ver Lucas 15:3-7). No vino a buscar porque se habían perdido noventa y nueve ovejas. Para el buen pastor, una oveja es razón suficiente para salir a buscarla. En otras palabras, aunque pereciera una sola persona en todo el mundo, Él estaría dispuesto a bajar del cielo a la Tierra.

Ahora bien, como hecho histórico, en realidad, Él ha salvado una multitud incontable de personas; pero en lo que respecta al amor de su corazón, parece venir solamente por esa única persona, por esa única oveja perdida. El Espíritu Santo es como esa mujer de la que se habla en Lucas 15, que barre la casa y busca diligentemente ese trozo de plata hasta que lo encuentra. No espera, como la mujer, hasta que se pierdan las diez dracmas para empezar a buscar la que se perdió. Comienza a buscar esa única alma. En la parábola del hijo pródigo, también en Lucas capítulo 15, el padre (que representa a Dios el Padre) recibe al único hijo pródigo que vuelve. Pero no espera hasta que todos sus hijos se vuelven pródigos para recibirlos. No; él le da la bienvenida a su hijo pródigo, aunque sea el único. Así sucede también con el Padre celestial. Por eso el Señor Jesús nos muestra en sus parábolas de Lucas 15 que, si es necesario, Él hará la obra de redención, aunque sea para responder a la necesidad de una sola persona. No esperará hasta que muchas personas tengan la necesidad. Todo esto nos indica el profundo interés que el Señor tiene por la raza humana.

Por lo tanto, para servir bien al Señor, debes aprender a interesarte por las personas. Sin ese interés, poco es lo que puedes hacer. Porque aunque sirvas, mientras tu corazón sea demasiado pequeño como para contener tanta gente, lo que hagas será muy limitado. No podrás comprender el significado de la redención y el valor del hombre en la economía de Dios, hasta que tu interés por la humanidad crezca y tu corazón se ensanche. Si esto no sucede, es absolutamente impensable que personas con una mentalidad tan estrecha puedan considerar una obra tan grande.

¿Cómo podremos salvar almas si no las amamos? Es imposible salvar almas si no las amamos primero. Solo cuando este problema básico esté resuelto podrán resolverse muchos otros problemas de los seres humanos. La falta de conocimiento humano no debe ser obstáculo para tu amor; la dureza de corazón no debe bloquear tu amor. Si tienes amor en un corazón que se ha ensanchado, no despreciarás a nadie y, como consecuencia, Dios te llevará junto a tu prójimo.

Cuando algunos hermanos y hermanas de las ciudades van a servir a zonas rurales, inconscientemente llevan un complejo de superioridad con relación a los campesinos. Esta actitud es despreciable. Nuestro Señor no dijo: *"el Hijo de Dios (...) vino"* (lee nuevamente Marcos 10:45), sino *"el Hijo del Hombre (...) vino"*.

Para predicar el evangelio, debemos ser hijos del hombre.

Lamentablemente, muchas veces sucede que cuando un obrero va a cierto lugar, lo hace con cierta condescendencia. Humillarse a sí mismo es un deber, pero abrigar en el corazón la noción de que venir a estar en medio de la gente es un acto de humildad, es totalmente inaceptable. Si sientes condescendencia cuando estás entre personas de menor inteligencia o de un nivel social o económico más bajo, tu humildad no será natural sino artificial.

Desde el punto de vista humano, cuando nuestro Señor estaba en la Tierra era considerado como uno de los hijos de María; sus hermanos eran Jacobo, José, Simón y Judas; ellos y sus hermanas vivían entre la gente. Él era conocido solamente como el hijo del hombre. Tú también debes ser conocido simplemente como un ser humano. Cuando andes en medio de la gente, no muestres un aire de superioridad. Si lo haces, tu actitud será totalmente incorrecta.

Un cristiano jamás debe hacer eso. Debes ser como uno más, sin siquiera crearles la sensación de que estás condescendiendo a estar con ellos. De otra forma, no podrás servirles.

Solo podemos servir de "hombre" a "hombres". Jamás debemos darles a las personas razones para pensar que condescendemos a estar con ellas, como si fuésemos una clase de criatura completamente diferente, superior. Si creamos esa imagen acerca de nosotros en ellos, no somos aptos para ser siervos de Dios.

Para servir al Señor debemos humillarnos verdaderamente hasta el lugar más bajo. Al hablar con personas que sean menos inteligentes o que estén más abajo en la escala económica o social, no seremos sus prójimos si nos ubicamos en un nivel diferente y les damos la impresión de ser diferentes.

A menos que nos humillemos hasta el punto más bajo, no podremos servir a Dios. Debemos ser tan humildes que jamás tengamos conciencia de superioridad. Ninguna hermana o hermano puede despreciar a una persona que esté en desventaja por su educación, nivel económico o clase social. En la creación, la redención y el plan de Dios, esta persona tiene el mismo destino que todos los demás. Solo en una cosa podemos ser diferentes, y esto es que, a diferencia del no creyente, nosotros conocemos al Señor. Oh, que podamos darnos cuenta de que muchas de nuestras actitudes quizás estén equivocadas. Todo nuestro ser, ya sea en nuestras actitudes, sentimientos o pensamientos, debe ser transformado.

Debemos llegar a comprender que todas las personas son iguales ante Dios. Porque si nuestro Señor pudo venir humildemente a esta Tierra por todos ellos, ¿acaso no podemos nosotros humillarnos por ellos? Nunca hagas distinción por la inteligencia o ningún otro factor humano.

Quizá algunos pregunten: "Realmente, no debemos despreciar a una persona que sea menos afortunada que nosotros; pero supongamos que encontramos a alguien que es mentiroso, pecador o corrupto; ¿cuál debe ser nuestra actitud hacia él?" La respuesta es bastante simple: debes recordar tu propia vida antes de la salvación. ¿Eras mejor que ese hombre? Si la gracia del Señor te fuera quitada, ¿serías más fuerte o más puro que él? ¿Quién te hace más santo? Si te vieras a ti mismo fuera de la gracia, no encontrarías ninguna diferencia entre tú y esa alma. Además de lo que la gracia ha hecho para volverte diferente, no hay nada que los distinga. Solo puedes inclinar la cabeza y decir: "Soy tan pecador como él". La gracia debe hacer que muerdas el polvo y ores:

"Señor, ¡eres tú quien me salvó!" La gracia nunca te convencerá de que te eleves a ti mismo. Por el contrario, la gracia te permitirá comprender que eres igual a esos mentirosos, pecadores y corruptos. Lo que realmente marca la diferencia es la gracia de Dios, no tú mismo. ¿De qué puedes gloriarte, si todo lo que tienes lo has recibido de Dios? Y si el hecho de que seas diferente se debe a la gracia, entonces de ninguna manera puedes exaltarte a ti mismo en esa gracia. Alabemos y agradezcamos más por la gracia de Dios; no nos exaltemos a nosotros mismos. En presencia del Señor, debemos tomar conciencia de que somos iguales a ellos; y por lo tanto, debemos amarlos. Quizás sus pecados sean odiosos, pero de todas maneras la persona merece amor. Y así cultivaremos un corazón lo suficientemente grande como para llevarlos al Señor.

Interesarse por las personas

Recordemos una vez más que todos los que van a ser usados por Dios deben tener ciertas cualidades que Él pueda utilizar. Todos los que pueden ser usados por el Señor se interesan en profundidad por las personas. Si un obrero tiene un corazón amplio y cálido, y muestra mayor interés por las personas, su ministerio crecerá enormemente. ¿Cómo podremos ir a predicar el evangelio si somos tan fríos con respecto a la humanidad y no nos interesamos por ella? Podemos ir y entrar en contacto con ellos para salvarlos y ganarlos. Pero, ¿qué podemos hacer si no tenemos interés por ellos? ¿Por qué ir, siquiera, si los consideramos una molestia o una ofensa? Ningún médico tiene miedo de ver a sus pacientes, y ningún maestro teme encontrarse con sus alumnos; ¿no es extraño entonces, que los que predicamos el evangelio temamos a los hombres? Por lo tanto, todos los que desean hacer la obra del Señor deben interesarse por todas las personas.

Comprendamos que tú y yo no estamos obligados a ir; lo que nos motiva a entrar en contacto con la gente es nuestro interés por ellos. No debemos ir porque estemos persuadidos de que debemos comunicarnos con las personas, sino porque en lo profundo de nuestro corazón conocemos el valor y la capacidad de ser amadas que ellas tienen. Debemos darnos cuenta de que todas estas vastas multitudes de personas que nos rodean fueron creadas por Dios. Él las ama y las desea. Él les entregó a su único Hijo con la esperanza de que creyeran en Él y así recibieran vida. Somos diferentes de ellos solo en una cosa: nosotros creímos.

Pero debemos guiarlos a ellos a que también crean. Y esto debemos hacerlo mostrando el mayor interés y el mayor amor por ellos. Luego tendremos la tarea interminable de servirles. Por la misericordia de Dios, nos convertiremos en obreros útiles en sus manos.

Si alguien desea servir bien al Señor, este camino del que hemos hablado debe ser recto. No olvidemos que cada persona tiene su espíritu. En este sentido, todos somos iguales ante Dios. Por lo tanto, debemos amar cada alma que encontramos, y debemos desear servir a cada una y todas ellas. Entonces, cuando caminemos por la calle y nos encontremos con alguna persona, veremos y sentiremos todo de una forma completamente diferente.

A medida que una persona sea iluminada por Dios para comprender que él y su hermano cristiano son nacidos de nuevo del mismo Padre, sin duda sentirá algo especial por ese hermano. De la misma manera, nosotros los obreros debemos ser iluminados por Dios para comprender que tanto todas las demás personas como nosotros mismos hemos sido creados por el mismo Dios. Al ver así las cosas, mostraremos un interés poco común por cualquier persona que conozcamos. Así como ya tenemos un sentimiento especial por nuestros hermanos y hermanas porque somos conscientes de que son nuestros hermanos en Cristo, de igual modo debemos ser iluminados por Dios para comprender que las incontables personas que nos rodean son nuestros prójimos. Cada una de ellas es valiosa, debe ser amada, y es digna de nuestro servicio continuo.

Así iluminados, llegaremos al corazón de Dios, dado que su atención está siempre dirigida hacia el hombre. Ya que toda la humanidad ha sido creada por Dios, tenemos el privilegio de salvar a algunos de ellos y agregarlos a la iglesia de Dios. Aunque el propósito principal de Dios es completar y perfeccionar la Iglesia, su ocupación actual es ganar personas. Nadie que trabaje para el Señor puede darse el lujo de despreciar una sola alma. El desprecio por un alma, expresado en actitud o en hechos, descalifica a una persona como siervo de Dios. Para servirle bien, una persona no solo no debe desdeñar ningún alma, sino también debe aprender a ser sierva de todas. Aprendamos a ayudar a todas las personas de distintas maneras; y aprendamos a servir de buena voluntad y sin quejarnos.

Algunos tienen el hábito de mirar con desprecio a aquellos que supuestamente son inferiores, y mirar con admiración a aquellos que aparentemente son superiores. Sería realmente vergonzoso que tal cosa ocurriera entre los siervos de Dios. No debemos exhibir ninguna actitud de desprecio hacia quienes consideramos "inferiores". Debemos ir a Dios para obtener una revelación del lugar y la posición que ocupa toda la humanidad ante sus ojos. No podemos servir al Señor si no tenemos resuelta esta falla. Debemos comprender el valor del hombre, que será para nosotros una visión grandiosa y llena de gozo. Cuando percibamos cómo el Señor vino a morir por toda la humanidad, su amor hasta la muerte nos caracterizará. Podremos entrar en los

sentimientos de nuestro Señor y comprobaremos la capacidad de ser amados que tienen todos los seres humanos. Solo así podremos mostrar un gran interés por la humanidad.
De otra forma no seremos aptos para trabajar para ese Dios
que nos hizo a todos a su misma imagen.

3

Dispuesto a padecer

Puesto que Cristo ha padecido por nosotros en la carne, vosotros también armaos del mismo pensamiento... (1 PEDRO 4:1).

¿Qué es el sufrimiento?

Todos los que sirven a Dios deben tener una característica adicional: deben estar dispuestos a padecer (ver 1 Pedro 4:1).

Esto también es profundamente esencial. Pero antes de tratar este tema en particular, veamos en general cuál es la actitud de un cristiano hacia el sufrimiento.

La enseñanza de las Escrituras es bastante simple: Dios no desea ver sufrir a su pueblo. Existe un cierto concepto filosófico en otros lugares, que propone la noción de que el cuerpo humano es intrínsecamente malo, y que por lo tanto los humanos debemos sufrir y no disfrutar de las bendiciones. Las personas que apoyan esta idea consideran que cualquier tipo de distracción es algo equivocado.

No obstante, como siervos del Señor, somos sus representantes.

Tenemos que tener en claro que el concepto del que hablamos antes no es cristiano. La Biblia muestra sin lugar a dudas que Dios nunca se propuso que sus hijos sufrieran.

Por el contrario, dice claramente que el Señor no nos ha negado ninguna cosa buena: *"Jehová es mi pastor; nada me faltará"* (Salmo 23:1; ver también 1 Timoteo 6:17). Las palabras *"nada me faltará"* no significan que no necesitaré nada. Simplemente significan que si tengo a Jehová como mi Pastor, no querré nada más. Por ejemplo, si acabas de comer una comida abundante, y alguien te ofrece un plato de *congee* (arroz de agua), sin duda dirás: "Estoy satisfecho, no quiero más". De la misma forma, lo que el salmista dice aquí es que, si tengo al Señor como mi Pastor, no me hará falta nada más.

En otras palabras: Dios no desea que nos falte nada; todo lo contrario, quiere que estemos satisfechos; y por ello, *"No quitará el bien a los que andan en integridad"* (Salmo 84:11).

Desde el mismo comienzo de la historia del Antiguo Testamento, la Biblia nos revela sistemáticamente cómo Dios cuida de su pueblo, minimiza sus problemas y mitiga sus sufrimientos para separarlo de las naciones paganas. Tomemos solo un ejemplo: las circunstancias en que los hebreos vivían en la tierra de Egipto.

La tierra de Gosén, donde vivían, era diferente del resto de Egipto. La bendición de Dios siempre estaba presente en Gosén.

Por esta razón los creyentes no debemos permitir que entre esta clase de filosofía del sufrimiento en nuestra fe cristiana. No confundamos el cristianismo mezclándole nociones no cristianas.

Es algo que debemos controlar.

Por otra parte, esto no debe dar la impresión de que Dios no prueba a sus hijos ni los disciplina, ya que verdaderamente lo hace. Pero debemos distinguir esto del concepto filosófico del sufrimiento que acabamos de mencionar. En tiempos normales, Dios generalmente dispensa su gracia, cuidando y apoyando a sus hijos, dándoles todo lo que necesitan. Pero cuando es preciso, también los prueba y los disciplina. Aun en estas circunstancias, no los prueba todos los días. Solo los disciplina cuando es necesario.

Nunca lo hace todos los días o en cada momento; solo algunas veces, no todo el tiempo. Habitualmente, nuestro Dios se ocupa de nosotros y provee para cada área de nuestra vida. Sin embargo, si persistimos en nuestra obstinación en un área determinada, Él tendrá que permitir que la prueba y la disciplina continúen, aunque en circunstancias normales prefiere tratarnos con bondad y no desea hacernos sufrir. El deseo de nuestro Padre Dios es dar todo lo que es bueno a sus hijos. Por lo tanto, podemos recibir y disfrutar todo lo que el Señor nos ha dado.

¿Cuál es, entonces, para el santo, el significado del sufrimiento que encontramos en la Biblia? En las Escrituras vemos que el sufrimiento es un camino que elegimos deliberadamente delante del Señor. Esto significa que el Señor realmente nos ha dado días de abundante gracia; pero hoy, en cambio, como siervos del Señor y para servirle, preferimos este camino del sufrimiento. En resumen, este camino es elegido. Es bastante similar a lo que hicieron los tres valientes de David, que podían haber seguido a su líder, viviendo tranquilamente, pero cuando se enteraron de que David tenía el deseo de beber agua del pozo de Belén, arriesgaron sus vidas y pasaron a través de la guarnición de los filisteos para sacar agua de ese pozo (ver 2 Samuel 23:14-17). Por esto, el sufrimiento es algo por lo que optamos; no es una imposición. Elegimos, delante de Dios, sufrir. Estamos dispuestos a sufrir por servir al Señor. Según la providencia del Señor, no tenemos que sufrir muchos dolores; pero porque deseamos servirlo, gozosamente elegimos un sendero que difiere del camino común. Esto es lo que significa estar dispuesto a padecer.

Armarse con esta clase de pensamiento es una característica básica de cualquier persona que quiera servir a Dios. Sin esta disposición, no podremos servir bien en nada. Si nos falta esto, nuestro servicio será muy superficial.

Sufrir con gozo

Aun así, debe quedar muy en claro que estar dispuesto a sufrir no es lo mismo que el sufrimiento en sí. Simplemente significa que delante de Dios tengo el deseo de estar dispuesto a soportar dificultades, escasez o pruebas por el Señor. Estoy preparado para hacerlo y lo haré gozoso. Esto es estar dispuesto a padecer.

Quien está dispuesto de esta forma no necesariamente sufrirá, pero en su mente y en su corazón se ha comprometido a sufrir gozoso por el Señor.

Supongamos, por ejemplo, que hoy Dios te brinda alimento y ropa, y una vivienda mejor, con mejores muebles. No está mal que disfrutes estas cosas. Puedes aceptar del Señor todo lo que Él te provee; sin embargo, sigues teniendo un corazón dispuesto a padecer por Él. Aunque no atravieses ninguna dificultad física en este momento, de todas formas tu mente está dispuesta a soportar dificultades por el Señor. Por esto, lo importante no es lo que sucede externamente, sino el deseo de tu corazón. Cuando estás en la situación más favorable, ¿sigues dispuesto a padecer? Quizá el Señor no disponga que debas soportar dificultades todos los días, pero todos los que trabajan en la obra del Señor deben tener esta disposición a soportarlas cada día. El sufrimiento puede no ser una experiencia diaria, pero sí debe existir la disposición a soportarlo, cada día.

El problema que encontramos es que muchos hermanos y hermanas, así como sus familias, retroceden ante la menor provocación. No están dispuestos a padecer. Cuando el Señor dispone que tengamos un entorno favorable, sin que nos falte nada material, y con un cuerpo relativamente sano, podemos servir a Dios bien, y todos los días. Pero cuando encontramos una pequeña prueba y nos enfrentamos al problema más insignificante, todo nuestro ser se derrumba. Esto demuestra que no estamos dispuestos a sufrir.

¿Cómo podremos pasar la prueba si no tenemos esa disposición?

Estar dispuesto a padecer significa que estoy listo, ante Dios, para sufrir. Estoy dispuesto a atravesar pruebas, y elijo el camino de las dificultades. Depende del Señor el hecho de poner o no sufrimientos en mi camino, pero por mi parte siempre estoy preparado para sufrir. Por eso, cuando, en su providencia se produzca algún cambio y la prueba caiga sobre mí, no me sorprenderé, sino más bien sentiré que esto es lo que yo tendría que haber pasado antes que nada. Si solo puedo aceptar lo que Dios dispone cuando es favorable, y no puedo soportar ninguna prueba, tan pronto como las circunstancias cambien en esta última dirección, quedaré destrozado y cesará mi trabajo para el Señor.

Esta es una clara indicación de que no estoy dispuesto a padecer.

Por favor, comprende que la obra no puede esperarte. Tengas comida o no, de todas formas debes trabajar. Tengas ropa o no, de todas formas debes continuar sirviendo al Señor. Cuando estés bien, trabajarás; cuando te sientas incómodo, seguirás trabajando. Estés enfermo o goces de buena salud, servirás. Así sabrás si estás armado para padecer o no. Esta es un arma poderosísima, ante la cual Satanás se ve irremisiblemente atado.

Si no es así, cuando lleguen las pruebas y los problemas, inmediatamente cesará tu tarea.

Algunos hermanos y hermanas han sufrido, pero no comprenden el valor del sufrimiento para Dios. Como consecuencia, no están agradecidos al Señor en lo más mínimo. Por el contrario, a veces quizá hasta murmuran y se quejan. Se vuelven aprensivos si esos momentos no pasan pronto. Quizá oren, pero nunca alaban. Sea lo que fuere que haya venido sobre ellos bajo la disciplina del Espíritu Santo, no lo aceptan gozosamente.

Esperan que esa situación pase rápidamente. Este tipo de actitud manifiesta claramente que no están dispuestos a padecer.

Permíteme decirte que si no estás dispuesto a padecer durante los días de paz que el Señor te ha dado, solo podrás avanzar si el camino es fácil, porque tan pronto como se llene de barro, dejarás de servir. Esto no debe ser así. Quisiera reiterar lo que dije antes, que la disposición para padecer no es lo mismo que el sufrimiento en sí. Puede ser que estés dispuesto y el Señor no considere conveniente enviarte sufrimientos. Aun así, cuando realmente te lleguen los problemas y las pruebas, no retrocederás, porque en tu interior estás dispuesto a padecer.

Sin embargo, debemos observar que no todos los que sufren están dispuestos. Muchos pasan por dificultades y pruebas, pero no tienen la disposición para padecer. Así que, entre los que sufren, están aquellos que están dispuestos y aquellos que no.

Muchos hermanos y hermanas claman diariamente para ser liberados de lo que deben soportar. Diariamente sufren angustia y esperan día y noche que ese tiempo termine pronto. Estas personas no están dispuestas a padecer en medio de las dificultades.

Por lo tanto, todos los que pasan por pruebas, sean físicas, económicas u de otra clase, deben recordar esto: lo que le importa al Señor no es si sufres, sino si estás dispuesto a sufrir. No te equivoques pensando que porque sufres mucho, estás soportando dificultades y problemas por el Señor. Sin dudas, tus circunstancias son dolorosas, pero debes preguntarte cuán dispuesto estás, realmente, a padecer por el Señor.

¿Elegiste este camino de sufrimiento ante el Señor? ¿O te quejas, te enojas, te compadeces de ti mismo cuando sufres? Que quede muy en claro que las personas pueden sufrir mucho dolor en su corazón o pruebas físicas, pero no tener la disposición para soportarlas.

Estar dispuesto a padecer es algo mucho más profundo que el mero hecho de soportar el sufrimiento. La disposición para sufrir puede no concretarse externamente en sufrimiento; pero, asimismo, el hecho de que una persona sufra externamente no significa que esté dispuesta a padecer.

También se puede expresarlo así: los que son pobres materialmente pueden no ser pobres espirituales, ya que muchos que atraviesan dificultades y pruebas materiales son ricos en el espíritu, porque tienen la disposición para sufrir; pero hay muchos hermanos y hermanas que, aunque también pueden estar pasando por dificultades y problemas, no están dispuestos de la misma manera. Y si el Señor les permitiera elegir, preferirían no sufrir, ni por un mes, ni por un día, no, ni siquiera un momento.

No están dispuestos a sufrir.

Una persona que no tiene esta disposición se verá limitada en la obra que haga para el Señor. Porque cuando la demanda externa exceda su capacidad, inmediatamente se retirará. Esta persona no puede sacrificar todo. Guarda para sí lo que es su tesoro. Solo puede realizar el servicio más liviano, durante los días más convenientes. Necesita que el Señor quite todos los obstáculos para poder trabajar tranquila. Pero, ¡qué extraño que alguien que sirva al Señor pida eso!

Así que, comprendamos claramente qué significa estar dispuesto a sufrir. Un hermano que vive en paz puede estar más dispuesto que aquel que realmente está sufriendo. Para los ojos humanos, de estos dos hermanos, el que está pasando pruebas es, sin dudas, el que está sufriendo. Pero a los ojos de Dios, el hermano que está en paz, que está dispuesto a sufrir, sería más valioso. Esto es así porque lo que el Señor más valora en sus hijos no es el sufrimiento en sí, sino su disposición para soportarlo. Por eso, no pensemos que nuestro sufrimiento tiene algún mérito en sí mismo, si el Señor no tiene la intención de hacernos sufrir.

Siempre tengamos en cuenta que lo único a lo que Dios exige que respondamos bien, es a tener esa disposición para sufrir. Debemos estar armados con este pensamiento. Sin él como arma, no podemos luchar en la batalla por el Señor. Todo lo contrario: nos retiraremos a la menor insinuación de lucha. No podremos soportar el más leve dolor o pagar el menor precio. Retrocederemos inmediatamente. Teniendo en cuenta esto, la pregunta que se te debe formular no es cuánto sufres, sino cuánto estás dispuesto a sufrir. Naturalmente, esperaremos que un hermano que soporta mucho dolor haya obtenido más gracia de parte de Dios. Aun así, quizá no recibamos ayuda de ese hermano, simplemente porque luego descubriremos que dentro de él no existe esa disposición para padecer. Descubriremos qué poco dispuesto está. Realmente ha atravesado mucha tribulación y prueba, pero no ha aprendido ninguna lección de parte de Dios, porque su corazón está lleno de rebeldía. Por lo tanto, podemos ver la diferencia entre la disposición para padecer y el sufrimiento en sí mismo. No podemos, de ninguna manera, reemplazar a este por aquel.

Preparados para padecer

Aquí vemos el dilema del servicio del Señor. A veces, por ejemplo, en la obra que el Señor nos ha llamado a hacer, nos encontramos en medio de necesidades físicas porque aparentemente Él no ha provisto lo suficiente para nosotros. ¿Qué haremos en medio de esta prueba? Bueno, si dejamos de trabajar por la estrechez material, ¿acaso nuestro Señor no podría sorprenderse, y no sería justificado que nos preguntara cuál es el fundamento y la razón de nuestro servicio? Así que, en el servicio al Señor, estar dispuesto a padecer es un factor decisivo.

Porque no se puede venir ante el Señor y decirle que nos retiramos porque encontramos alguna dificultad o prueba que no esperábamos. Nadie que sirve al Señor puede quedarse en casa cuando llueve y salir solo cuando el sol ya apareció. Si estás dispuesto a sufrir, seguirás trabajando a pesar de las privaciones, las dificultades, el dolor, la enfermedad o aun cuando la muerte se aproxime. Si estás dispuesto a padecer, podrás ponerte en pie y declararle al demonio: "¡Seguiré trabajando, no importa lo que pueda venir!" Pero si tienes miedo en tu interior, caerás ante la menor provocación que Satanás ponga en tu camino. Si dices: "No tengo miedo al hambre", entonces, cuando Satanás te amenace con el hambre, permanecerás firme y el diablo huirá. Si dices: "No tengo miedo al frío", resistirás, y Satanás deberá desaparecer luego de tratar de tentarte con el frío. Pero si dices: "Temo enfermarme", Satanás te hará caer enfermo y te vencerá. Si no estás dispuesto a sufrir, estarás sujeto al ataque de Satanás en eso mismo que temes, y será tu final. Pero si declaras: "No temo a la enfermedad", Satanás se verá atado.

Teniendo en consideración todo esto, cada obrero de Dios debe estar preparado delante del Señor para avanzar con un corazón valeroso. Pase lo que pasare, sean problemas familiares, enfermedades físicas, hambre o frío, seguirás sirviendo. Con el resultado de que el enemigo no podrá hacerte nada. Esta actitud revela que estás dispuesto a sufrir. Por otra parte, si no tienes esta disposición, serás tentado precisamente con aquello que temes. Y la consecuencia será que, invariablemente, te retirarás de la obra de Dios. En resumen, serás inutilizable.

Digamos todos al Señor: "Por tu amor, y por la gracia que me has dado hoy, estoy comprometido totalmente con tu obra. Venga cielo o infierno, seguiré trabajando. Sea competente o incompetente, seguiré con la tarea hasta el final". Si no estamos así dispuestos, seremos vulnerables al ataque del enemigo en el área que es nuestra debilidad. Estaremos terminados y reducidos a la ineficacia. Por esta razón debemos rogarle a Dios que nos muestre misericordia y nos haga dispuestos a padecer. Tener esta disposición significa estar listos en nuestro interior para el Señor, sin importar qué evento o circunstancia futura podamos encontrar. Estar dispuestos de esta manera no implica automáticamente el sufrimiento; probablemente no haya sufrimiento, pero la determinación interna nos mantiene firmes. Y quien tiene esta firmeza interior está fortalecido frente a cualquier tipo de problemas. Pero quien no la tiene, cuando se enfrente a los problemas, caerá.

¿Te has dado cuenta de lo absolutamente necesario que es estar dispuesto de esa manera? El camino del servicio no consiste en el sufrimiento, sino en estar dispuestos a padecer. Es decir que le agradecerás al Señor por el hambre y la desnudez, de la misma forma que por los alimentos y el vestido. Estas cosas no crean dificultades en tu vida. Ni el bien ni el mal representan problemas para ti. Por favor, comprende que el cristiano no debe jamás buscar el sufrimiento, sino simplemente estar dispuesto a soportarlo. Está preparado para continuar a pesar de cualquier dificultad que deba enfrentar. Pero si no tienes este tema arreglado en tu vida, entonces no tienes nada arreglado.

Tomemos un viaje, como ejemplo de lo que estamos considerando

Es cierto que algunas personas pueden ser más débiles físicamente, y quizá necesiten dormir en una cama mejor. Pero si siendo un siervo de Dios, insistes en que debes dormir en una cama más cómoda, porque eres débil, entonces Satanás puede atacarte en esa área en particular, y hacer que tengas una cama muy incómoda para dormir. Estar dispuesto a sufrir significa que, sea como fuere la cama, seguirás trabajando. Si el Señor decide que duermas en una cama mejor, no quieras dormir en el piso. Debes dormir en cualquier clase de cama que Él te provea. No importa cómo sea la cama, seguirás sirviendo y no retrocederás. Esta actitud es lo que las Escrituras llaman la disposición para sufrir.

Quizá un hermano vive en condiciones de pobreza. Solo por eso, no se puede presuponer que está dispuesto a sufrir. No pienses que el hermano que es más pobre en lo material seguramente está más dispuesto a padecer que otro que no es tan pobre. Solo aquellos que verdaderamente se han consagrado a Dios tienen la disposición para padecer. Esa disposición no conoce de medidas ni límites. Puedes ir a un lugar y dormir en el suelo.

Puedes ir a otro lugar, y que ni siquiera haya suelo donde dormir, o que tengas que dormir sobre un montón de heno encima del barro. ¿Qué harás en esa circunstancia? Alguien quizá la acepte a regañadientes. Aunque sufra, su sufrimiento tendrá una medida, o un límite. Puede estar dispuesto a dormir sobre el suelo, pero eso es lo máximo que puede aceptar en esa situación; no puede rebajarse más, hasta dormir en el montón de heno sobre el barro. Así, aparentemente está diciendo que su nivel de vida ya es demasiado bajo y no puede descender más. Esto solo confirma que él sufre, pero no que está dispuesto a sufrir.

Por otra parte, hay otros hermanos y hermanas que en su vida diaria disfrutan de mayores comodidades materiales, pero cuando su nivel de vida debe bajar porque las circunstancias lo determinan así, pueden continuar como si nada hubiera pasado.

Pueden dormir sobre el piso, o sobre el heno en el barro. No dicen ni una palabra de queja o rechazo, porque aceptan gozosos la provisión que se les da. Esto es estar dispuesto a padecer. Y Dios elegirá a estas personas para servirle.

Así que el tema, hoy, no es cuánto sufrimos, sino cuál es la medida o el límite de nuestra resistencia. Quizá no suframos, pero sí debemos estar dispuestos a padecer. El Señor no nos pondrá adrede en pruebas o dificultades continuas; solo desea crear en nosotros la disposición para sufrir. Nadie que sale a servir al Señor puede ser fuerte si no está dispuesto a padecer.

Si no es así, será un obrero débil. Se lamentará, llorará y rogará por sí mismo ante la menor dificultad o inconveniencia. Suspirará y dirá: "¡Cómo he caído en esta prueba!".Esto me recuerda cierta vez que una hermana lloraba. Otra hermana que había servido al Señor por muchos años le preguntó: "¿Por quién estás lloras?" Claro, muchos lloran por sí mismos. Se lamentan por el hecho de que, siendo tan valiosos y encantadores, tengan que ser degradados a este lugar o a esta situación desagradable. Por eso lloran por sí mismos. Estas personas son las más débiles, las que más rápidamente se repliegan cuando las cosas se vuelven difíciles.

La pregunta que se te plantea es: cuando la prueba y el dolor llegan a tu vida, ¿dónde está tu corazón? Por una parte está tu dificultad; por otra, está la obra del Señor. Si no estás dispuesto a sufrir, inmediatamente sacrificarás la obra del Señor. Dirás: "¿Cómo puedo ocuparme de la obra del Señor si apenas puedo ocuparme de mi problema?" Oh, cueste lo que costare, debemos armarnos con esa disposición para padecer, porque no hay dudas de que sufriremos menos si dejamos el trabajo; pero al hacerlo, la obra de Dios sufrirá una pérdida.

Aquí, entonces, está el problema: cuando estamos poco dispuestos a padecer, o cuando no estamos dispuestos en absoluto, Satanás puede tentarnos a desertar de nuestro trabajo para el Señor en cualquier momento. Pero debemos ser personas que conserven la gloria de Dios. En la vida o en la muerte, debemos cumplir con nuestro deber. Tenemos que terminar la carrera y perseverar hasta el final. Esto que he dicho no implica que se supone que los hermanos y hermanas que trabajan para el Señor deben sufrir. En condiciones normales, es legítimo y bueno a los ojos de Dios que suplamos nuestras necesidades de alimentos, vestido y vivienda. No alentamos en lo más mínimo a los hermanos y hermanas a buscarse sufrimientos, ni jamás debemos imponer sufrimientos sobre nadie; esperamos que Dios supla todas nuestras necesidades para que no nos falte nada. Pero sí sostenemos que estar dispuesto a padecer es una necesidad absoluta para los que son obreros de Dios. Por un lado, sabemos que Dios no nos hará faltar ningún bien; por otro lado, debemos estar dispuestos a padecer. Si no es así, caeremos ante la menor inconveniencia o problema.

Entregados por completo

¿Cuán dispuestos a sufrir debemos estar? La demanda de la Escritura es: *"Fiel hasta la muerte"* (Apocalipsis 2:10c). En otras palabras, debemos poder soportar todo, hasta la misma muerte. Con esto no queremos promover excesos.

Pero estar dispuesto a sufrir nunca se define con moderación en la Palabra de Dios. Si en el caso de algunos obreros como tú se necesita moderación, que sea el Señor, la Iglesia o los hermanos más maduros los que moderen tus excesos. Pero en lo que respecta a ti, debes dar todo. ¿Cómo podrás servir si tú te moderas a ti mismo? No hay forma en que puedas trabajar así. Una persona que considera a su vida como valiosa y digna de ser amada, y que siempre la guarda en su propia mano, estará muy limitada en la obra de Dios. Todos los que estamos al servicio de Dios debemos estar preparados para ser fieles hasta la muerte. Este es el único camino que podemos seguir. No es necesario decir que el Señor no te pedirá que mueras por tu fidelidad. Sin embargo, el preservar tu vida depende del Señor y no es algo que deba preocuparte. Si el Señor lo ordena así, es asunto suyo. Por nuestra parte, siempre debemos estar preparados para rendir nuestra vida. No importa cuán doloroso pueda ser; debemos aprender a soportar.

Déjame decir esto: si vives tu propia vida, no podrás ser fiel hasta la muerte. Pero esta es la demanda básica del Señor.

Debemos estar tan dispuestos a padecer que podamos decir: "¡Oh, Señor, no tengo problema en morir! Estoy dispuesto a dar mi vida por ti, sin importarme en lo más mínimo cualquier situación de dolor". Dios necesita que "violentos" como estos sean los que lo sirvan (ver Mateo 11:12); aquellos que se atreverán a poner su vida en juego. No nos preocupemos por cómo evitar los extremos.

Ese es otro asunto. Ahora debemos darnos cuenta de que aunque es imposible para nosotros arreglar previamente algo, es absolutamente necesario delante de Dios que estemos dispuestos a servir. Debemos estar preparados para darnos por entero frente a los problemas o las debilidades físicas. Si no somos "violentos" con nosotros mismos, no podremos hacer nada. Digámosle al Señor: "Oh, Señor, estoy dispuesto a dar todo de mí. De aquí en adelante nada puede ser obstáculo para que te sirva. En la vida o en la muerte, en el gozo o la tristeza, estaré de tu lado."

Esto es lo más productivo: servir al Señor hasta la muerte.

Cuanto más estés afirmado en este terreno, menos podrá hacerte el enemigo. Pero, ¡cómo aman las personas a sus propias vidas! Un pequeño dolor provoca ríos de lágrimas y erupciones de suspiros. Si no nos amáramos, estas lágrimas y suspiros desaparecerían de la escena. Para seguir este camino, los siervos de Dios deben ser personas "violentas". Deben decirle al Señor: "Señor, hayas ordenado o no que yo sufra, estoy completamente preparado para padecer". Una y otra vez diré que el sufrimiento es algo limitado, mientras que la disposición para soportarlo es algo ilimitado. El grado de dificultad o prueba que el Señor te permite soportar es mensurable, pero el alcance de tu disposición para sufrir delante del Señor debe ser inconmensurable. Por otra parte, si puede medirse cuán dispuesto estás a padecer, entonces no estás realmente dispuesto. Cualquier límite en esta área hace que la persona no sea útil en la obra del Señor. Cualquier cosa que sea menos que lo que Dios demanda, hace que nuestro servicio sea inaceptable para Él.

Nunca pienses que puedes estar dispuesto a sufrir sólo hasta cierto punto. No, no, debe ser sin medida, hasta la muerte. Si no es así, Satanás podrá tentarte y hacerte caer. *"Y ellos le han vencido [a Satanás] por medio de la sangre del Cordero y de la palabra del testimonio de ellos, y menospreciaron sus vidas hasta la muerte"* (Apocalipsis 12:11). ¿Qué puede hacer el enemigo si tu conciencia está limpia, si tienes la palabra de testimonio de la victoria de Cristo, y si menosprecias tu vida hasta la muerte?

¡No tiene ninguna posibilidad de hacer daño a aquellos que menosprecian su vida en esa forma!

Todos conocemos la historia de Job. La razón por la que Satanás lo atacó con tanta furia, es que el enemigo de Dios no podía creer que un hombre no quisiera preservar su vida por amor de Dios. Por eso Satanás desafió al Señor, diciendo: *"Piel por piel, todo lo que el hombre tiene dará por su vida. Pero extiende ahora tu mano, y toca su hueso y su carne, y verás si no blasfema contra ti en tu misma presencia"* (Job 2:4,5). Satanás sabía que si él tocaba la vida de Job y Job no menospreciaba su vida, habría logrado la victoria. Qué clara es la implicancia de las palabras de Apocalipsis 12:11: Satanás está derrotado frente a aquellos que menosprecian sus vidas hasta la muerte.

El fracaso de los hombres de Dios se ve muy claramente en este punto: aman demasiado sus propias vidas. Preguntémonos qué es más importante: ¿la obra de Dios o nuestra propia vida? ¿nuestro deber para con Dios o nuestra propia vida? ¿la iglesia de Dios o nuestra propia vida? ¿el testimonio de Dios sobre la Tierra o nuestra propia vida? Los que se aman a sí mismos no pueden servir al Señor; y los que sufren, no necesariamente sirven al Señor. Solo aquellos que están dispuestos a sufrir sin límites, que están dispuestos a "menospreciar sus vidas hasta la muerte", ellos, solo ellos son aptos para servir a Dios.

Ofrezcámonos hoy de nuevo al Señor, no para sufrir, sino simplemente para darnos por entero. Quizá el Señor no haya dispuesto que seamos mártires, pero tenemos que estar dispuestos a sufrir aún la muerte del martirio si esa es su voluntad.

Reconozcamos y confesemos cuántas veces el fracaso de nuestra labor se debe a nuestra indolencia, autoprotección y al no negarnos a nosotros mismos. No supongamos que las personas son ciegas, que los otros hermanos y hermanas tienen los ojos cerrados. Démonos cuenta de que ellos pueden detectar fácilmente si estamos dando todo de nosotros o guardándonos algo.

Cuando el Señor nos llama, nos llama a poner todo sobre el altar. Que Él nos dé la gracia para que ninguno de nosotros aprecie tanto su vida que no esté dispuesto a entregarla. En lo profundo de nuestro corazón, debemos cultivar el hábito de no amarnos ni compadecernos a nosotros mismos. Si no lo hacemos, nuestra obra se verá limitada. La medida y la amplitud de nuestra disposición para padecer determinarán la medida y la amplitud de nuestra obra espiritual para el Señor. Cualquier limitación que tenga esta disposición, limitará el alcance del servicio espiritual. También limitará la bendición para los demás. Para medir la bendición de Dios no debemos usar ninguna otra medida que no sea la disposición para padecer. Y con esa disposición ilimitada vendrá también una bendición sin límites.

4

Somete su cuerpo

"Y esto hago por causa del evangelio, para hacerme copartícipe de él. ¿No sabéis que los que corren en el estadio, todos a la verdad corren, pero uno sólo se lleva el premio? Corred de tal manera que lo obtengáis. Todo aquel que lucha, de todo se abstiene; ellos, a la verdad, para recibir una corona corruptible, pero nosotros, una incorruptible. Así que, yo de esta manera corro, no como a la ventura; de esta manera peleo, no como quien golpea el aire, sino que golpeo mi cuerpo, y lo pongo en servidumbre, no sea que habiendo sido heraldo para otros, yo mismo venga a ser eliminado"
(1 CORINTIOS 9:23-27).

Servir con nuestros cuerpos

En este pasaje de las Escrituras, en el versículo 23 dice: *"Y esto hago por causa del evangelio"*. Pablo habla de la forma en que obran quienes predican el evangelio y sirven a Dios. Además, el versículo 27 incluye estas palabras: *"golpeo mi cuerpo, y lo pongo en servidumbre"*. De esto podemos deducir cuál es la demanda básica para un siervo de Dios sobre sí mismo. Y en los versículos 24 al 27 Pablo nos muestra cómo golpea su cuerpo para ponerlo en servidumbre.

Quisiéramos dejar en claro desde el principio, que el sometimiento del cuerpo del que habla Pablo no significa algún tipo de ascetismo. Lo que Pablo afirma aquí es completamente diferente del concepto que algunas personas siguen, postulando la noción antibíblica de que el cuerpo es una molestia y que liberarnos de él es una buena noticia. Para el pensamiento ascético, el cuerpo es considerado la raíz de todos los males; por lo tanto, cualquiera que maltrate su cuerpo será liberado del pecado. Pero la Biblia nunca considera al cuerpo como una molestia o algo de lo que debemos liberarnos; nunca enseña que el cuerpo es el origen del mal. Todo lo contrario, la Palabra nos dice en esta misma carta que nuestro cuerpo es templo del Espíritu Santo (6:19). Nuestro cuerpo debe ser redimido, y un día tendremos un cuerpo glorificado. Por eso, cuando, parafraseando a Pablo, mencionamos este tema de someter al cuerpo para tenerlo bajo control, no debemos asociarlo con el concepto erróneo de los ascetas. Porque si introducimos esta noción en nuestra fe cristiana, estamos cambiando el carácter mismo del cristianismo.

Las personas pueden pecar con el cuerpo; y pueden seguir pecando, aunque traten drásticamente a su cuerpo; pero el cuerpo en sí mismo no es el origen del pecado.

En 1 Corintios 9 Pablo nos muestra que el que desea ser obrero de Dios debe resolver un problema: el de su cuerpo. Las palabras del comienzo: *"Y esto hago por causa del evangelio"* (v. 23a), indican que el motivo del apóstol es predicar el evangelio. Pero, ¿qué debe hacer para predicar el evangelio? Los versículos 24 al 26 describen lo que debe hacer. Y en el versículo 27 señala lo que ha hecho: es decir, que ha golpeado su cuerpo y lo ha puesto en servidumbre. Según el griego original, "golpear" significa literalmente golpear bajo el ojo; es decir, golpear el rostro hasta causar hematomas. El significado aquí es someter el cuerpo como si se lo golpeara con fuerza, para hacerlo esclavo en obediencia a aquel que será ministro del evangelio. Esto, sin embargo, no implica que usemos nuestras manos para castigar o dar puñetazos al cuerpo físico. No debe equipararse con el "duro trato del cuerpo" que Pablo menciona negativamente en Colosenses 2:23. Antes que eso, es un ejercicio o disciplina que Pablo realiza para que no sea que, *"habiendo sido heraldo para otros...(él mismo) venga a ser eliminado"* o descalificado.

Para un siervo de Dios, esta disciplina que describe Pablo de golpear su cuerpo y ponerlo en servidumbre, es un principio fundamental para su vida. Todo siervo de Dios debe vivir de esa forma. Porque, ¿cómo puede alguien servir a Dios si su cuerpo no se somete a él? Pablo resuelve este problema que presenta el cuerpo, golpeándolo y poniéndolo en servidumbre. Así vemos que la expresión del versículo 27 (*"golpeo mi cuerpo, y lo pongo en servidumbre"*) es el tema; y los versículos 24 al 26 sirven como explicación. El primero (v.27) nos dice el qué, mientras los últimos (vv. 24-26) nos explican cómo.

Disciplinar nuestros cuerpos

"...los que corren en el estadio..." (v. 24). Pablo usa el deporte competitivo del atletismo como ejemplo. Los siervos de Dios que trabajan, como otros cristianos que sirven, son como atletas que corren una carrera. Todos corren; ninguno queda afuera. *"...pero uno solo se lleva el premio. Corred de tal manera que lo obtengáis"* (v. 24b). En una carrera deportiva solo una persona recibe el premio, pero en la carrera espiritual que nosotros corremos, todos y cada uno tienen la oportunidad de ganar el premio. En ese punto nuestra carrera es diferente de la otra. Pablo usa la ilustración de correr, para relacionarla con lo que sigue en el versículo 25.

"Todo aquel que lucha, de todo se abstiene" (v. 25a). Lo que Pablo enfatiza ahora es que para ganar los juegos el atleta debe disciplinarse y ejercitar el autocontrol en todas las cosas. No puede abandonarse a comer o dormir desordenadamente. Sabemos que los atletas que compiten en juegos deben soportar una estricta disciplina durante su entrenamiento. Tienen claramente indicado qué pueden comer y qué no, cuándo dormir y cuándo no. Antes de los juegos no se les permite beber vino ni fumar. Y hay muchas otras restricciones. Durante los juegos deben guardar muchas reglas severas. Por ello, todo hombre que compite en una carrera debe ejercitar el autocontrol en todas las cosas. Algunas personas quizá cuestionen estas reglas y declaren que no pueden vivir sin fumar o beber, o sin rebelarse. Pero es imperativo que todos los que participan en los juegos tengan total control sobre su cuerpo: deben ejercitar el dominio propio. ¿Cuáles son las cosas que deben ser dominadas? Deben controlarse las diversas demandas del cuerpo para que no exista una excesiva libertad.

Porque en una carrera el cuerpo sirve solo a un propósito: el de correr la carrera. No es para dormir, o vestirse, o fumar, o beber o dormir. Es para correr. Muchos corredores deben evitar las comidas que tengan demasiados carbohidratos, no porque sean dañinas para su salud, sino porque no tienen utilidad, hasta pueden ser nocivas a la hora de correr. El corredor debe ser moderado en todo. Debe golpear su cuerpo y ponerlo en servidumbre; la disciplina comienza con el cuerpo. Aun así, nosotros, que corremos una carrera espiritual, debemos comprender que de la misma forma, nuestros cuerpos deben estar bajo control.

Deben respondernos. Todas las funciones de nuestro cuerpo se aúnan para realizar una sola gran obra: correr para ganar.

"...ellos, en verdad, para recibir una corona corruptible; pero nosotros, una incorruptible" (v. 25b). Para recibir una corona corruptible, las personas están dispuestas a disciplinarse.

¿Acaso nosotros, que recibiremos una incorruptible, debemos ser menos disciplinados? La *"corona corruptible"* que aquí se menciona se refiere a los laureles floridos con los cuales los griegos de la época clásica coronaban a los ganadores de sus carreras. Esos laureles de flores frescas, obviamente, se secaban en pocos días.

Pero aun así, los corredores estaban dispuestos a pasar por un largo período de entrenamiento con la esperanza de ganar solo esas efímeras coronas.

Observemos la comparación que hace Pablo: Ellos corren en una pista de carrera, mientras que nuestra pista es el mundo. Ellos corren físicamente; nosotros corremos espiritualmente, sirviendo a Dios. Ellos corren todos, pero uno solo recibe el premio; pero si nosotros corremos todos, todos podemos recibir el premio. El premio que ellos reciben es una corona corruptible; el nuestro es una corona incorruptible. Los contrastes son muy marcados, pero hay un aspecto que es igual. Es lo que se implica en el versículo 25: el que corre, sea cual fuere la clase de carrera en la que esté, *"de todo se abstiene"* (*"en todo ejercita el dominio propio"*, Revisión 1977). Con el control sobre el cuerpo sucede lo mismo. Así como los atletas que corren en una carrera necesitan controlar su cuerpo, los que predicamos el evangelio como siervos del Señor también debemos hacerlo. Aunque los objetivos son diferentes, el control sobre el cuerpo es el elemento clave para el éxito de ambos.

"Así que, yo de esta manera corro, no como a la ventura; de esta manera golpeo, no como quien golpea al aire" (v. 26). Aquí Pablo nos informa que corre por un objetivo.

Sabe hacia dónde corre. Golpea el cuerpo, no el aire. Tenemos que considerar los versículos 26 y 27 juntos. En el versículo 26 dice que no corre a la ventura. No cambia el curso de derecha a izquierda, o viceversa. No; corre en una dirección determinada. Tampoco boxea en el aire, porque en el versículo siguiente nos dice que golpea su propio cuerpo. Como mencionamos antes, la expresión griega significa "golpear hasta dejar el rostro morado y negro". Por lo tanto, es un golpe duro, no una palmadita, ya que esta no podría hacer que el rostro quedara morado y negro. ¿Por qué Pablo trata tan severamente a su cuerpo? Bastante simple: para que su cuerpo se sujete a él. "Poner en servidumbre" significa convertir al cuerpo en esclavo, que también significa ponerlo bajo sujeción, es decir, bajo mi control. Por lo tanto, el fin es "ponerlo en servidumbre", mientras que el medio es "golpear mi cuerpo". Debo disciplinar a mi cuerpo hasta que él me sirva a mí y no yo a él.

Si verdaderamente no has aprendido esta lección, es urgente que pases algunos años más aprendiendo a someter tu cuerpo antes de salir a servir. Todos los que sirven a Dios deben hacer que su cuerpo les responda. La Biblia nos muestra que trabajar para el Señor no es algo sencillo. No pienses que una persona a la que le gusta predicar desde el púlpito es un siervo de Dios. Nada está más lejos de la verdad. Porque Pablo nos convence de que solo aquellos que golpean su cuerpo y lo ponen en servidumbre pueden servir a Dios. En caso de que tu cuerpo no responda a tu voluntad, quizá tengas que aprender bien esta lección para el Señor. No quieras pensar que con desear un poco trabajar para el Señor eres apto para servir. Un siervo del Señor debe someter su cuerpo para que le responda. De otra forma, no le será de gran utilidad a Dios.

Ser siervos

¿Qué significa, entonces, la frase: "poner en servidumbre", o someter? Primero debemos saber cuáles son las demandas del cuerpo. Tiene algunas demandas muy definidas. Por ejemplo: comer y beber, descansar, dormir, estar cómodo, vestirse, ser cuidado en tiempos de enfermedad, y otras. El cuerpo necesita todas estas cosas. Someter el cuerpo significa, entonces, que a través de la disciplina diaria puedo hacer que me responda cuando llegue el momento de trabajar o correr. Si tengo el hábito de ser autocomplaciente, cuando deba correr descubriré que ningún miembro de mi cuerpo, ni mis pies ni mis manos, ni siquiera mis pulmones, me escuchan ni responden a las demandas de la carrera.

Es necesario un largo período de entrenamiento para que el cuerpo responda; de otro modo, es inútil esperar que responda al llamado del momento. Si falta entrenamiento y el cuerpo no se ha sometido, ¿cómo puedes confiar que te sirva cuando lo necesites?

Cuando estés listo para trabajar, te encontrarás con que no tienes control sobre tu cuerpo ni puedes satisfacer sus demandas.

No creas que mientras tu vida espiritual sea normal, puedes servir. También debes preocuparte por tu cuerpo. Pablo nos lo demuestra. Aquí no nos preguntamos si tu cuerpo goza de buena salud o no. Lo que estamos estudiando es si te responde o no.

¿Puedes someterlo y sujetarlo bajo tu dominio? Si no es así, no tienes forma de servir a Dios predicando el evangelio. Este entrenamiento no se logra instantáneamente. Algunos temas espirituales pueden realmente resolverse en un momento, pero otros, como el de someter al cuerpo, pueden llevar años, quizás de cinco a diez. Las personas que habitualmente son descuidadas en esta área quizás necesiten un período más largo para poder disciplinarse estrictamente.

Por ejemplo, el cuerpo necesita dormir. No hay nada de malo o pecaminoso en esto; es incuestionablemente una necesidad legítima del cuerpo. Dios nos da la noche para dormir. Es preciso. ¿Cómo puede alguien trabajar si no duerme? Pero quien ha sometido su cuerpo a la obediencia, puede no dormir durante un tiempo si existe una necesidad especial. Esto es lo que significa someter el cuerpo y ponerlo en servidumbre. Puede ser que haya dispuesto dormir ocho horas diarias, porque mi cuerpo lo necesita. Pero para someter a mi cuerpo, como si lo golpeara hasta que me responda, puedo no dormir hoy, si lo deseo.

En esa noche fatídica del Getsemaní, nuestro Señor pidió expresamente a tres de sus discípulos: *"velad conmigo"* (Mateo 26:38). Pero ellos se durmieron. Por eso Él le preguntó a Pedro: *"¿Así que no habéis podido velar conmigo una hora?"* El Señor quería que velaran con Él, pero ellos cayeron dormidos. Ni siquiera pudieron velar una hora. ¿Es incorrecto dormir? Por supuesto que no, porque el sueño es razonable y necesario. Pero cuando el Señor nos demanda algo, lo que es necesario debe dejarse de lado, o dificultará o terminará con la obra de Dios.

Por eso, cualquier persona que insista en que debe dormir en cualquier circunstancia, no puede servir a Dios.

Con esto no queremos decir que quien sirva al Señor no debe dormir todas las noches. Porque si eso pasara, sería un ángel. Pero tú no eres un ángel, y por lo tanto necesitas descansar bien por la noche. Sin embargo, dado que sirves al Señor y estás aprendiendo a someter tu cuerpo, puedes perder una o dos noches de sueño en caso de emergencia. Esto se llama someter el cuerpo y ponerlo en servidumbre.

¿Qué es una carrera? ¿Las personas corren todos los días y a toda hora? Todos sabemos que la forma normal de moverse es caminar, mientras que correr, o correr una carrera, es algo no común. Caminar es una obligación diaria, porque caminamos paso por paso todos los días. Correr, o correr una carrera, sin embargo, no es cosa de todos los días. Al correr debemos ir más rápido que en el andar cotidiano. La función normal del cuerpo es caminar, pero correr exige fuerzas suplementarias. En el último caso, por tanto, las funciones corporales se aceleran para un uso especial. El cuerpo debe responder a una mayor exigencia ya que, además de sus funciones normales, tiene trabajo extra. El hecho de correr requiere un esfuerzo excepcional de parte del cuerpo, mientras que el caminar diario no requiere tanta energía.

Pues bien, de igual forma, normalmente podemos dormir ocho horas. Pero en caso de que debamos trabajar cuatro horas más por día, solo dormiremos cuatro horas. Y eso es lo que, espiritualmente hablando, Pablo quería decir cuando hablaba de correr una carrera. Significa una exigencia mayor que encontramos quienes deseamos servir al Señor. Pero los tres discípulos no pudieron velar ni siquiera por una hora. Y nuestro Señor señaló inmediatamente la causa, que era que en ellos, *"el espíritu a la verdad está dispuesto, pero la carne es débil"* (Mateo 26:41b).

¿Qué puede hacer un espíritu dispuesto si la carne es débil? El espíritu puede estar dispuesto, pero la carne quiere dormir. Esto es tan inútil, por supuesto, como que el espíritu no estuviera dispuesto y la carne siguiera queriendo dormir. No es suficiente con tener un espíritu dispuesto; el cuerpo también debe estar dispuesto de la misma forma. Si este no está dispuesto y cae dormido, demuestra que no ha sido sometido. La falta de sometimiento del cuerpo hace que la disposición del espíritu sea inútil.

Pero esto jamás debe interpretarse como que el cuerpo es la raíz del pecado o que es una molestia. Simplemente señala que para servir a Dios, a veces debemos plantearle mayores exigencias a nuestro cuerpo, del que esperamos que coopere totalmente. Esto es lo que significa golpear el cuerpo y ponerlo en servidumbre.

Debemos aprender a hacer que nuestro cuerpo no solo responda a los requerimientos normales de la vida, sino también que responda a las exigencias extraordinarias que surgen cuando servimos a Dios.

Cuando el Señor Jesús estaba en la Tierra, pudo recibir perfectamente, sin cansancio, a Nicodemo, que vino a verlo cuando ya era de noche. Además, pasó varias veces toda una noche en oración.

Todas estas circunstancias le exigían esfuerzos extraordinarios para mantenerse despierto. No es necesario decir que no apoyamos la práctica de que los hijos de Dios pasen toda la noche en oración con demasiada frecuencia. Pero consideramos que sería una vergüenza que aquellos que han aprendido a servir a Dios nunca pasaran una noche entera orando. Por una parte, no debemos orar toda la noche habitualmente, porque eso sería incorrecto y nocivo para el cuerpo. Pero por otra parte, consideramos extraño que aquellos que dicen ser obreros de Dios no pasen ni una noche completa en oración en diez o veinte años de servicio al Señor.

No debemos ser excesivos y promover vigilias con demasiada frecuencia, para que el cuerpo no sufra y nuestros nervios no se pongan demasiado tensos. Pensamos que es anormal que las personas no oren durante el día sino durante la noche, dejando así de lado el sueño necesario. Pero también creemos que es cuestionable que un obrero de Dios nunca ore durante toda una noche.

Como ya hemos dicho, correr una carrera no es algo que se haga diariamente, pero el entrenamiento sí es diario. Se necesita estar entrenado a tal punto que el cuerpo no se rebele, sino responda. La falta de control sobre el cuerpo significará que cuando sea el momento de trabajar para el Señor, el sueño será lo más importante para ti, y de esta manera se convertirá en tu amo.

Probablemente puedas hacer alguna tarea si el sueño no es vital, pero no podrás hacer nada si afecta tu sueño. Por eso, someter el cuerpo es un ejercicio necesario para los siervos de Dios. Cuando el Señor dé una orden y el ambiente exija otra cosa, podré dejar de lado temporariamente mis necesidades corporales y obtener energía y fuerzas suplementarias. En vez de yo rendirme ante mi cuerpo, él se rendirá a mí, y seguirá mi dirección. De otra forma, estaré amándome a mí mismo y seré inútil para la obra del Señor.

Tomemos otro ejemplo: la alimentación. Sin duda recordamos cuántas veces nuestro Señor trabajó tanto que no tenía tiempo para comer. Nunca permitió que la comida fuera un problema para él. Sin embargo, con esto no queremos insinuar que nunca comía, porque sabemos que sí lo hacía y que comía bien en tiempos normales. Aun así, podía dejar de lado la comida cuando se presentaba alguna necesidad del ministerio. Y esto se llama someter el cuerpo o ponerlo bajo sujeción. No debemos ser de los que no pueden trabajar sin comer. Lamentablemente, hay muchas personas que no pueden. Sin dudas, necesitamos comer; debemos cuidar nuestro cuerpo; sin embargo, si estamos en medio de circunstancias especiales, podemos poner nuestro cuerpo bajo sujeción y no comer.

Ahora recordamos la ocasión en que el Señor Jesús se sentó junto al pozo de Jacob, en Samaria. Era al mediodía, y los discípulos habían ido a la ciudad cercana a comprar comida.

Cuando estaba junto al pozo, Jesús vio a una mujer samaritana que venía a sacar agua. Le pidió que le diera agua para beber, y le habló del agua viva. Pero en ningún momento vemos que la mujer le diera agua para beber, aunque era mediodía, el momento justo para comer y beber. En cambio, los discípulos, al regresar, encontraron al Señor hablando con esta mujer samaritana, tan necesitada espiritualmente, cuya alma estaba amargada y sedienta.

Le estaba explicando en detalle qué era esa otra agua, su agua de vida. ¿No nos muestra esto que aun a la hora de comer podemos hacer bien la obra del Señor sin alimentarnos? Si vamos a un lugar en nombre del Señor y no podemos trabajar porque tenemos hambre o porque no hay comida, es evidente que nuestro cuerpo no es útil. Déjame reiterar que no queremos que parezca que estamos yendo a los extremos, dejando de comer con frecuencia. Pero sí queremos repetir que en momentos especiales debemos poder estar sin comer.

¿La comida no es tan importante que no podamos saltear un almuerzo? Por el contrario, debemos ser amos de nuestro cuerpo. Debe obedecernos. No debe gobernarnos. Esto es someter el cuerpo.

Según el capítulo 3 del Evangelio de Marcos, se nos dice que en un momento la multitud había rodeado de tal forma al Señor Jesús que este no podía comer pan. Y cuando sus amigos lo supieron, fueron a prenderlo y rescatarlo de esa situación, *"porque decían: Está fuera de sí"* (vv. 20-21). Nuestro Señor, sin embargo, siguió trabajando; no porque estuviera loco, sino porque la multitud lo necesitaba. Cuando había una necesidad, Él podía dejar todo de lado, hasta la comida y la bebida. Comprendamos entonces que todo aquel que no pueda dejarse a sí mismo de lado en época de trabajo puede hacer muy poco por Dios. En la hora de emergencia, debemos tener una pequeña cuota de exceso; una pequeña cuota de "locura".

Si es necesario, podemos someter a nuestro cuerpo, sin que él nos controle a nosotros. La Biblia indica claramente que durante tiempos de necesidad el pueblo de Dios debe ayunar. El ayuno es el ejercicio por el cual se suspende temporariamente una demanda legítima del cuerpo. A veces ayunamos delante de Dios para poder dedicarnos a orar por un tema determinado. No promovemos que se haga ayuno regularmente tres o cinco veces por semana, pero tampoco creemos que sea digno de felicitación que un cristiano no haya ayunado durante ocho o diez años. Nuestro Señor trató el tema del ayuno en el llamado Sermón del monte, y necesitamos releerlo. Si no ayunamos nos falta algo. El verdadero significado del ayuno es el sometimiento del cuerpo.

Tomemos otro ejemplo: el tema de las comodidades. Esto también es una necesidad del cuerpo. No está mal que aquellos que sirvan a Dios en tiempos normales vivan una vida que incluya una relativa comodidad. Sin embargo, no podemos permitir que el cuerpo nos gobierne cuando surja alguna incomodidad en la obra de Dios. ¿Cómo podremos servir si nuestro cuerpo nos desobedece?

Algunos hermanos y hermanas cambian frecuentemente el lugar donde viven; no porque el Señor lo ordene, sino porque no están contentos con ese lugar, porque lo encuentran incómodo o no muy agradable. Por eso, la búsqueda de las comodidades se convierte en su forma de vida. Es la comodidad la que guía su camino. Estas personas no son útiles para Dios. Aprendamos a vivir sin comodidades. Alabemos a Dios si Él dispone que bajo la disciplina y el orden del Espíritu Santo tengamos una vida relativamente cómoda; pero sigamos sirviendo aunque el Señor ordene nuestros pasos de forma que no podamos vivir cómodamente, y que nuestro cuerpo nos acompañe.

No queremos ser considerados extremistas en cuanto a esto. Es aceptable que vivamos más cómodamente en tiempos normales, pero también es necesario que podamos soportar más incomodidades que otros si el Señor lo dispone. Algunos hermanos y hermanas solo pueden vivir cuando tienen comodidades. Si su nivel de vida baja, es el final para ellos. No son muy útiles para el Señor. Cuando corremos la carrera espiritual del servicio al Señor, debemos tener nuestro cuerpo bajo sujeción. Podremos vivir en cualquier lugar, en cualquier ambiente. El sometimiento de mi cuerpo significa que no me afectarán los cambios en el ambiente. Podré seguir trabajando aunque la obra de Dios requiera que viva en un nivel mucho más bajo que el que yo tenía. Si no es así, me echaré atrás en el mismo momento en que el nuevo ambiente deje de estar en armonía con mi forma de vivir acostumbrada. Esto no significa, sin embargo, que estos hermanos que generalmente viven en un nivel de vida más bajo automáticamente podrán pasar esta prueba.

A muchos de ellos les será imposible que su cuerpo soporte vivir en un nivel más bajo que el bajo nivel al que están habituados. Todo esto sucede porque las personas (sea cual fuere el nivel de vida al que están acostumbradas), se aman demasiado y no han aprendido a someter su cuerpo.

Apliquemos este principio al ejemplo del vestido. Naturalmente, debemos alimentarnos bien y abrigarnos, pero sin prestarle demasiada atención a los atuendos externos. Sabemos que Juan el Bautista no se vestía a la moda. Por eso el Señor, hablando de Juan, les dijo a sus discípulos: *"He aquí, los que llevan vestiduras delicadas, en las casas de los reyes están"* (Mateo 11:8b). Nunca habríamos visto así vestido a Juan.

Lamentablemente, hoy demasiados hermanos y hermanas le prestan demasiada atención a sus ropas, como si no pudieran vivir sin mantener cierto nivel de vestimenta mejor que lo necesario.

Naturalmente, no estamos diciendo que los hijos de Dios deben vestirse con harapos, porque esto no glorificaría al Señor.

Debemos vestirnos adecuadamente y hacerlo de manera que cubramos las necesidades normales del cuerpo. Pero en tiempos de necesidades urgentes, como los que Pablo describe cuando dice: *"padecemos hambre, tenemos sed, estamos desnudos"* (1 Corintios 4:11a), de todos modos debemos seguir sirviendo a Dios. La vestimenta no será un problema y no debe afectar la obra de Dios si el siervo de Dios es tan disciplinado en su vida normal que su cuerpo está sujeto a él.

Tomemos la enfermedad como otra ilustración de este principio de sujetar el cuerpo a nuestro dominio. En tiempos de enfermedad o debilidad, el cuerpo parece demandar más cuidados. Pero muchos que trabajan para el Señor se aman tanto que dejan de trabajar si se encuentran con la menor dolencia. Si Pablo hubiera sido como estas personas, y no hubiera vuelto a trabajar hasta que el problema de sus ojos se hubiera curado, probablemente no hubiera escrito muchas de sus epístolas. Seguramente no habría escrito la epístola a los gálatas, ya que la redactó en un momento en que sus ojos lo molestaban mucho. Porque, ¿acaso no menciona: *"Mirad con cuán grandes letras os escribo de mi propia mano"* (6:11)?

Algo más: si Pablo hubiera esperado hasta que sus ojos se curaran por completo, probablemente no hubiera trabajado haciendo tiendas, ya que este trabajo, como sabemos, requiere de un uso intensivo de la vista. Pero él predicaba de día y fabricaba tiendas por la noche. Su problema de visión no lo detuvo. De la misma forma, si Timoteo hubiese esperado hasta que se curara su estómago, la obra que él continuó realizando cuando Pablo salió de escena, seguramente se habría acabado, ya que su problema estomacal era crónico.

Aprendamos algo de esto: a cuidar nuestro cuerpo, por una parte, pero por la otra, a no amarnos tanto a nosotros mismos en tiempos en que la obra de Dios nos exige más. Cuando nos enfrentamos a una necesidad de la obra divina, debemos dejar de lado las demandas del cuerpo y responder a las de la obra. No hay dudas que la enfermedad demanda descanso y cuidado; sin embargo, hasta un cuerpo enfermo debe responder a las exigencias de la obra de Dios. Someter el cuerpo y ponerlo en servidumbre es una condición para el servicio. Si no podemos usar nuestro cuerpo para servir al Señor, ¿con qué otra cosa podremos servir? En caso de que un siervo del Señor esté muy enfermo y el Señor no le demande nada especial, está bien que se cuide. La iglesia sabrá cómo tratarlo, y sus compañeros en la obra también sabrán cuidarlo. Pero si la obra lo demanda y el Señor lo ordena, no debe sentirse atado por su enfermedad. En ese caso, nosotros, como él, no tendremos tiempo de estar enfermos; podemos dejar la enfermedad de lado temporariamente. Esto, también, es algo que debemos aprender ante el Señor.

Pero esto no solo se aplica a la enfermedad; también se aplica al dolor. A veces sufrimos dolor, tan terrible que sobrepasa la capacidad de soportarlo de nuestro cuerpo. Durante tiempos normales nos cuidaremos adecuadamente según la necesidad de nuestro cuerpo. Pero si el Señor nos ordena trabajar, trabajaremos a pesar del dolor. Nuestro cuerpo debe respondernos.

A veces debemos levantar la cabeza y declarar ante el Señor: "Señor, una vez más hago que mi cuerpo me obedezca. Una vez más no puedo ceder a su demanda".

El problema del sexo no es diferente. Las demandas sexuales no necesariamente deben ser satisfechas. Debemos aprender a poner la obra del Señor primero.

Observemos un poco cuál era la situación de Pablo.

Hasta esta hora padecemos hambre, tenemos sed, estamos desnudos, somos abofeteados, y no tenemos morada fija. Nos fatigamos trabajando con nuestras propias manos; nos maldicen, y bendecimos; padecemos persecución, y la soportamos. Nos difaman, y rogamos; hemos venido a ser hasta ahora como la escoria del mundo, el desecho de todos (1 Corintios 4:11-13).

Por favor, observa la expresión *"hasta esta hora"*, en el versículo 11. Denota continuación. Se nos muestra aquí que el cuerpo de Pablo siempre le obedecía; ninguno de estos problemas pudo detenerlo. En 1 Corintios 6:12-20 menciona dos cosas en particular: una es la comida y la otra el sexo. Él señala que no hay necesidad de gratificar al cuerpo siempre. En el capítulo 7 de la misma epístola, nos muestra claramente cómo el hombre no está obligado a complacer al cuerpo en el área sexual; y en el capítulo 8 nos muestra también que tampoco estamos obligados a complacer al cuerpo con la comida.

Por lo tanto, ¿qué significa someter al cuerpo y ponerlo en servidumbre? Significa que domino a mi propio cuerpo, lo "golpeo" para ponerlo bajo mi control. Cuando vayamos a servir a Dios, muchas veces tendremos que contener sus demandas. Pero, ¿podremos resistir las demandas del cuerpo cuando la obra del Señor nos lo exija? Sin duda, todas las necesidades y todas las cosas destinadas a satisfacerlas en nuestra vida son creadas por Dios.

El cuerpo tiene sus necesidades legítimas; pero ninguna de estas demandas debe ser obstáculo para que cumplamos con un servicio adecuado para el Señor.

Cuidar el templo de Dios

A pesar de lo que se ha dicho, no quisiera que te lleves la impresión de que puedes despreciar las necesidades de tu cuerpo.

Debes saber y comprender que el cuidado y la imprudencia son completamente diferentes. Debes cuidar tu cuerpo; pero también debes controlarlo. Someter el cuerpo no significa que te niegues a comer cuando tengas hambre; simplemente significa que en algunos momentos podrás no comer, aunque tengas hambre. Debes cuidar bien de tu cuerpo; pero si llegas al punto en que comer se convierte en un hábito que no puedes romper, no podrás trabajar si no tienes tu comida habitual. No promovemos el ascetismo y no creemos que el cuerpo sea el origen de todos los males. Todo lo contrario, confesamos que las demandas del cuerpo son colocadas en nosotros por Dios. También reconocemos que el cuerpo es templo del Espíritu Santo. Pero aun así, no estamos obligados a gratificar en todas las circunstancias cada exigencia del cuerpo.

No abogamos por una forma de vida que se niegue al vestido, la comida o el sueño. En lo posible, debemos tener la ropa, la comida y el sueño suficiente. Pero hay una gran diferencia entre el vestido, la comida o el sueño de aquellos que han sometido su cuerpo, y los de aquellos que son indisciplinados.

El problema actual reside en que muchos hermanos y hermanas nunca refrenan su cuerpo. La falta de control estricto sobre él resulta en murmuraciones o deserción bajo las presiones de la obra del Señor. De la misma forma, debemos aprender a soportar y decirle al Señor: "Señor, lo que me ha sucedido a mí hasta ahora no es nada comparado con lo que tú experimentaste cuando viniste a esta Tierra". El Señor Jesús condescendió a venir de lo más elevado a lo más bajo, mientras que actualmente nosotros ni venimos de lo más alto ni hemos ido a lo más bajo. Por eso debemos decir: "Señor, esto no es nada comparado con lo que tú experimentaste". Aprendamos a aceptar todo lo que sujete al cuerpo en forma legítima. Algunas personas no han disciplinado su cuerpo por tanto tiempo, que necesitarán un período más prolongado para lograrlo. Esperemos que puedan entrar a la obra de Dios lo más pronto posible. Pero si este problema no es resuelto, no podrán hacer la tarea. Alguien que no haya sometido y sujetado su cuerpo, abandonará a poco de comenzar la carrera.

Recordemos que la obra del evangelio y cualquier otro servicio al Señor es como correr una carrera. Sin un entrenamiento habitual por el medio del cual dominemos al cuerpo, no podremos correr cuando Dios nos exija un esfuerzo extraordinario. Correr una carrera implica un esfuerzo extra para el cuerpo. No podemos correr el riesgo de que este sea indisciplinado. Todos los que son muy usados por Dios no solo son personas que están bajo el control del Señor, sino también personas que tienen dominio propio. Si no tenemos control sobre nuestra tienda terrenal, seguramente caeremos frente a una exigencia especial. Sepamos y reconozcamos como hecho que todas las obras de Dios que tienen un valor especial se realizan en circunstancias de exigencias extraordinarias. ¿Qué valor tenemos, si no podemos trabajar bajo tales exigencias? No seamos descuidados o indisciplinados; en cambio, controlemos estrictamente a nuestro cuerpo. Si lo hacemos, podremos dejar de dormir, comer y estar cómodos, y seguiremos trabajando aun cuando nuestro cuerpo deba soportar tales exigencias especiales; porque nos obedecerá. Cuando salgamos a trabajar con este cuerpo, haremos que nos obedezca a pesar del dolor o la enfermedad. *"Mirad con cuán grandes letras os escribo de mi propia mano"*, dijo Pablo. Él fue e hizo más de lo que normalmente podía hacer. Allí nos encontramos con el espíritu de Pablo que se obligó a hacer lo imposible. Y esta es la misma forma en que el espíritu de los siervos de Dios los ha impulsado siempre hacia adelante en todos los siglos.

Si un siervo del Señor, que en días normales goza de buena salud y vive cómodamente, durmiendo y comiendo lo suficiente, no puede ejercitar el dominio sobre su cuerpo en momentos de necesidad, es inútil para Dios. *"Golpeo mi cuerpo, y lo pongo en servidumbre"*, declaraba Pablo, *"no sea que habiendo sido heraldo para otros, yo mismo venga a ser eliminado"* (1 Corintios 9:27).

En otras palabras, Pablo temía que, habiendo predicado el evangelio a otros, él mismo perdiera la recompensa de escuchar decir al Señor: *"Bien, buen siervo y fiel"*.

Debemos tomar muy en serio este asunto: las personas que se aman tanto que no pueden disciplinarse y entrenarse, no pueden servir a Dios. Si realmente deseamos servirle, debemos entrenarnos y ejercer dominio sobre nuestros cuerpos. Y si hay en nosotros un gran amor por el Señor, el cuerpo no podrá sino obedecernos; porque si el espíritu es fuerte, la carne no podrá ser débil. Por el poder de la vida de la resurrección en nosotros, este cuerpo mortal debe ser vivificado. Debemos llegar a ese punto en el que no nos sea un obstáculo, sino que, en cambio, nos obedezca. Solo así podremos hacer bien la obra del Señor.

5.

Diligente,
no perezoso

La vida personal de un obrero de Dios generalmente determina su obra. En este camino del servicio divino vemos muchos jóvenes hermanos que crecen y llegan a ser muy útiles. Desde el comienzo nos hacen sentir que llevan algunas semillas muy buenas que en algún momento brotarán y llevarán fruto. Pero también vemos otros que confían en sí mismos y son presumidos, y no mucho tiempo después caen al costado del camino. No solo son inútiles, sino que, además, traen deshonor al nombre del Señor. Porque el camino que ellos toman es tan ancho que no podría serlo más. También vemos algunas personas que al principio no muestran ser grandes promesas, pero al final manifiestan cada vez más su valor para el Señor.

Quizás quieras saber cómo se explica todo esto. Podemos contestar francamente que todos los que son usados por Dios poseen algunas cualidades fundamentales en su constitución y su carácter. Si tienen estas cualidades, pueden ser útiles; sin ellas, serán inútiles en la senda del servicio. Una persona puede ser buena en muchos otros aspectos, pero si le faltan estas cualidades básicas de las que hemos hablado, será incapaz de llevar a cabo bien la tarea aunque puede desear hacerlo, de corazón. Jamás hemos encontrado un obrero que no pueda controlar su cuerpo y haga la obra de Dios.

No sabemos cómo esta falla puede afectar otros emprendimientos, pero en el camino del servicio nunca hemos visto que funcione. Tampoco hemos visto ninguna persona que sea incapaz de escuchar y que pueda servir a Dios. Todos los que sirven al Señor deben tener estas y otras cualidades básicas. Dios, en su misericordia, los anima y los edifica en estas fundamentales cualidades de su estructura y su carácter, para que puedan servir bien.

Servir a Dios no es algo tan simple. El hombre exterior debe ser quebrantado, para poder ser edificado. Si como persona no eres apto, es decir, si eres descuidado y autoindulgente en muchas cosas, no podrás llevar a cabo la obra de Dios. Muchos no pueden servir bien, no porque les falte técnica o conocimientos, sino porque tienen uno o más problemas de carácter. Aquí es donde muchos fracasan. Por eso, debemos aprender a dejar que Dios nos corrija profundamente en muchas áreas de nuestras vidas. Nunca despreciemos el cultivo de estas cualidades básicas positivas. Si no le permitimos al Espíritu Santo que transforme nuestro carácter, puede preverse que llevaremos muy poco fruto en nuestras obras. No puede pasarse por alto la preparación en ninguna de estas áreas. Miremos con detalle una nueva cualidad del carácter del obrero de Dios; es decir, la de ser diligentes y no perezosos (ver Romanos 12:11a).

Servir con diligencia

Pero el que había recibido uno fue y cavó en la tierra, y escondió el dinero de su señor (...) Pero llegando también el que había recibido un talento, dijo: Señor, te conocía que eres hombre duro, que siegas donde no sembraste y recoges donde no esparciste; por lo cual tuve miedo, y fui y escondí tu talento en la tierra; aquí tienes lo que es tuyo. Respondiendo su señor, le dijo: Siervo malo y negligente, sabías que siego donde no sembré, y que recojo donde no esparcí. Por tanto, debías haber dado mi di-nero a los banqueros, y al venir yo, hubiera recibido lo que es mío con los intereses. Quitadle, pues, el talento, y dadlo al que tiene diez talentos (...) Y al siervo inútil echadle en las tinieblas de afuera (Mateo 25:18; 24-28; 30).

Este pasaje de las Escrituras nos muestra que la diligen-cia es también un requisito básico para el obrero de Dios. Nuestro Señor Jesús señala claramente las dos fallas funda-mentales en el carácter de este siervo: una, es "malo"; la otra, es "negligente". Es malo porque acusa a su señor de ser un hombre duro, que siega donde no ha sembrado y recoge donde no esparció.

La otra falla es que es negligente. Cuando esconde el ta-lento en la tierra, lo que su corazón medita es "malo", pero lo que su mano hace es "negligente". Se imagina en su cora-zón la clase de amo que es su señor. Su pensamiento es ma-lo en su contenido. Y al enterrar el talento en la tierra, no ha-ce lo que debería hacer.

Esta acción revela la característica de la negligencia.

Reconozcamos aquí que la pereza constituye el mayor problema de muchas personas.

La persona perezosa no se busca trabajo para hacer. Aun-que vea el trabajo, ¡sigue esperando que no exista! Muchos cristianos parecen adoptar la misma actitud, haciendo que algo grande se convierta en algo pequeño, y algo pequeño que se disuelva en la nada... ¡nada! Por eso, una gran obra se convierte en una obra pequeña, y una obra pequeña desa-parece hasta que no queda nada.

Según la experiencia, hay solo una clase de persona que puede ser útil en la obra de Dios, y es la persona diligente. Las personas perezosas son las más despreciables. Un her-mano ha dicho que hasta Satanás considera inútiles a los perezosos.

"*El perezoso mete su mano en el plato, y ni aun a su boca la llevará*" (Proverbios 19:24). Una persona que es perezosa no está dispuesta a hacer nada. ¿Por qué? Porque tiene miedo de cansarse, ¡hasta cuando se alimenta! Su mano ya está en el plato, pero es demasiado perezosa como para traerla de nuevo a la boca con comida. Debe comer, ¡pero hasta espera que otra persona le lleve la mano a la boca! Sin duda, hay una clase de gente en el mundo que es completamente inútil: los perezosos e indolentes. Dios nunca usa personas así. Déjame preguntarte: ¿has visto alguna vez a una persona perezosa sirviendo bien a Dios? Todos los que son usados por el Señor trabajan duro en el servicio. No desperdician su tiempo ni sus energías. Aquellos que todos los días y constantemente no hacen sino esperar el descanso, no parecen siervos de Dios. Porque sus siervos no saben cómo vivir indolentemente; siempre están ocupados en redimir su tiempo.

Observemos a los apóstoles del Nuevo Testamento. ¿Podemos encontrar algún rasgo de pereza en las vidas de los apóstoles, desde Pedro hasta Pablo? No podemos encontrar nada de indolencia en ellos. Trabajaron diligentemente y aprovecharon cada oportunidad de servir. Pablo escribió: "*Te encarezco (...) que prediques la palabra; que instes a tiempo y fuera de tiempo; redarguye, reprende, exhorta con toda paciencia y doctrina*" (2 Timoteo 4:1-2). A tiempo y fuera de tiempo, los siervos de Dios deben predicar la Palabra. Deben ser diligentes a tiempo y fuera de tiempo. Los siervos de Dios son siempre laboriosos.

Los primeros apóstoles trabajaban sin cesar. Tanto, que si hoy quisieras repetir la obra de Pablo, pronto descubrirías que tendrías que trabajar hasta los ochenta años y solo llegarías a la décima parte de lo que él hizo. Miremos con más detalle la obra de Pablo. ¡Cuán incesantemente trabaja! No hay ni sombra de pereza en él. Está ocupado predicando el evangelio en todas partes, o razonando con la gente. O está predicando o está escribiendo cartas. Hasta en la prisión escribe cartas. Y esas cartas en las que llega a las alturas espirituales son las que escribió estando preso. Aunque él estaba encadenado, la Palabra de Dios no. Pablo era realmente una persona diligente. Era como su Señor, que nunca fue perezoso.

En el griego del Nuevo Testamento, hay tres palabras diferentes que pueden traducirse como "perezoso". Una es *argos* (que significa inactivo, improductivo, lento); otra es *nothros* (indolente, lento, holgazán); y la tercera, *okneros* (molesto, que se echa atrás). Combinando los significados de estas distintas palabras griegas, tenemos las ideas de "lento", "que demora", "dubitativo", "ocioso" y "fastidioso". Básicamente, el significado se resume en la idea de no correr, no trabajar; la idea de evitar hacer muchas cosas y reducir algo a nada.

Una vez había un chiste sobre un portero. Su deber era abrir la puerta cuando sonaba el timbre. Un día alguien tocó el timbre, pero él no abrió la puerta. Cuando le preguntaron por qué, su respuesta fue: "Esperaba que no volviera a tocar el timbre". ¡Qué gracioso, y qué lamentable! ¡Las personas tocaban el timbre, y él se pasaba todo el tiempo esperando que no lo tocaran de nuevo! ¿Qué opinión te merece una persona así? Sin dudas, no muy recomendable. Pero lamentablemente, en la obra de Dios, muchos creyentes actúan así. Esperan que no pase nada, y cuando pasa, esperan que no sea nada. ¡Qué agradecidos están, si realmente no hay nada, para no tener que hacer nada! ¿Cómo llamarías a esta cualidad? ¿No es pereza? La implicación central del significado de pereza es posponer algo lo más posible, o hacerlo tan lentamente como se pueda. El trabajo de un día se puede alargar a más de diez días, o semanas o meses. Hacer una cosa lentamente es tener la característica de la pereza. Esto es lo que Mateo 20:3, 6 llama estar "desocupados" o lo que Filipenses 3:1 llama "molesto". En el caso de algunos hermanos y hermanas, cuando se les encarga algo, aunque sea muy liviano, tienen una disposición tal a la pereza que lo consideran una gran carga. Suspiran profundamente como si se les hubiera puesto una carga muy pesada sobre los hombros. Pablo no era así.

No es fácil para este apóstol escribir desde la prisión en un ambiente verdaderamente difícil, pero al escribir la carta a los Filipenses, exhorta a los hermanos, diciendo: *"Regocijaos en el Señor siempre. Otra vez digo: ¡Regocijaos!"* (Filipenses 4:4).

Teniendo en cuenta las circunstancias que lo rodeaban, está en una situación de profunda aflicción; sin embargo, dice: *"A mí no me es molesto el escribiros las mismas cosas"* (3:1b). No es perezoso; todo lo contrario, no considera que nada sea demasiado difícil y no sabe qué es la holgazanería. Al estudiar la vida de Pablo aprendemos que las personas usadas por Dios están llenas de celo, sin conocer la holgazanería ni la pereza.

Muchos hermanos son de poca utilidad en el servicio al Señor, porque no les gusta trabajar. Quieren menos trabajo, y si pueden, nada. Les falta la cualidad de la diligencia. Para decir la verdad, no solo debemos decir que el holgazán no puede ser siervo de Dios; ni siquiera puede ser siervo del hombre. No son aptos para servir a Dios porque son holgazanes. Se exaltan a sí mismos como "siervos de Dios", actuando como si estuvieran más allá de la dirección de hombre alguno. Nadie puede ejercer control sobre ellos porque se consideran siervos de Dios. Pero supongamos que en vez de ser Dios el amo, fuera otro; enseguida se haría manifiesta su inutilidad. Porque ningún amo humano les permitiría ser tan descuidados en el manejo de sus negocios. Por esta razón nuestra disposición debe ejercitarse a tal punto que no solo no nos moleste servir, sino que nos deleitemos en hacerlo. Así nos gastaremos gozosamente por los hijos de Dios.

Nos encantará estar ocupados trabajando. Por otra parte, la falta de esta disposición nos hace no aptos para ser siervos del Señor.

Cierta vez Pablo declaró: *"Antes vosotros sabéis que para lo que me ha sido necesario a mí y a los que están conmigo, estas manos me han servido"* (Hechos 20:34). Sus dos manos eran hermosas, porque trabajaban día y noche sin el menor signo de holgazanería.

Las personas como Pablo son los verdaderos siervos de Dios!

Señor: ¿qué quieres que haga?

¿Qué es diligencia? Diligencia es no ser perezoso, es decir, no tener miedo de trabajar. Es no esperar que las cosas desaparezcan, sino, en cambio, buscar cosas que hacer. Debemos saber que en el servicio de Dios, si no buscamos cosas para hacer, el resultado será que realmente podremos descansar durante un día o dos. En el servicio del Señor, no debemos ser personas que trabajen solamente cuando se les presenta la ocasión. Esta actitud revela pereza. Una persona diligente jamás está ociosa; siempre está buscando una tarea que realizar. Siempre está estudiando, orando, esperando y considerando qué servicio puede cumplir. Si sólo hacemos lo que se nos presenta, pronto encontraremos que cada vez se nos presentan menos cosas para hacer. Para servir a Dios tratemos de descubrir cosas que podamos llevar a cabo. Oremos y esperemos más delante del Señor.

Estemos alertas para encontrar más obras para hacer. Este es el camino del servicio. *"Mi Padre hasta ahora trabaja,"* dijo el Señor Jesús, *"y yo trabajo"* (Juan 5:17). No debemos cambiar esto por "Mi Padre hasta ahora descansa, y yo descanso". La pereza es una manera segura de cambiarlo. Pero nosotros debemos decir siempre: *"Mi Padre hasta ahora trabaja, y yo trabajo"*.

Teniendo en cuenta todo esto, preguntémosle a Dios: "Señor, ¿qué quieres que haga?" Observemos que luego de su conversación con la mujer samaritana, Jesús dijo unas palabras muy especiales: *"¿No decís vosotros: Aún faltan cuatro meses para que llegue la siega? He aquí os digo: Alzad vuestros ojos y mirad los campos, porque ya están blancos para la siega"* (Juan 4:35). Según la estimación de los discípulos, habría que esperar cuatro meses hasta que llegara el tiempo de la siega; pero para el Señor, la siega es ahora.

Hoy necesitamos personas que alcen los ojos y vean que la cosecha está lista. La falta de hombres así pospondrá la siega por cuatro meses más. Muchos simplemente se esconden en su casa y no siguen el camino de Dios. Muchos ojos no miran lo que Dios hace hoy. En el versículo anterior al pasaje que citamos, encontramos que el Señor Jesús les dijo a sus discípulos: *"Mi comida es que haga la voluntad del que me envió, y que acabe su obra"* (v. 34). Esto nos enseña ¿no es cierto?, con cuánta frecuencia debemos alzar los ojos y mirar. No habrá obra si no lo hacemos.

De igual forma, el servicio es realmente un asunto de diligencia, de no ser perezosos. El trabajo no se mide por lo que hay en nuestras manos, sino por el hecho de que alcemos los ojos y busquemos brindar un servicio. Dios se mueve en muchas formas y en muchas direcciones, y si alzamos los ojos las descubriremos.

Tú y yo deberíamos alzar los ojos y mirar para ver si hay alguna siega y si los campos están blancos. Mirando y buscando, verdaderamente encontraremos obras para hacer. ¡Qué sorprendente que muchos estén ociosos, como si no hubiera nada que hacer! Quien ama el trabajo lo busca, pero el que no lo ama lo evita.

El diligente, tan pronto como termina una obra, espera delante del Señor una nueva tarea que realizar. Siempre busca oportunidades. Una vez un hermano dijo: "Tantos hermanos vienen de otros países, y todavía el hermano tal y tal no ha pasado ni un momento junto a ellos. Esto es verdaderamente indignante." "¿Por qué no se lo dices?", le preguntó otro hermano. "¿Es necesario que se lo diga?", contestó el primero. Su respuesta es absolutamente correcta. Una persona que sirve al Señor debería buscar delante de Él el trabajo para hacer y la comunión que compartir. Esto, sin embargo, no debe ser interpretado como que debemos mantenernos innecesariamente ocupados con muchas cosas a propósito. Simplemente significa que un siervo del Señor debe buscar a Dios y alzar sus ojos y mirar en forma habitual. Si una persona está verdaderamente ocupada, Dios no le impondrá nuevas cargas. Pero cuando tenga tiempo libre, debería preguntarle al Señor: "Señor, ¿qué quieres que haga?" Simplemente alzando sus ojos, verá que muchas personas necesitan de su servicio.

Hay solo una explicación para el hecho de que una persona no tenga nada que hacer, y es que normalmente es alguien perezoso, holgazán. No puede terminar en diez días el trabajo que a otro le llevaría solo un día completar. No tiene el deseo de servir. Todos deberíamos buscar activamente trabajo para hacer. Si no buscamos y oramos delante de Dios para encontrar algún servicio que podamos realizar, sin duda somos perezosos. Es seguro que aunque pasen cinco o diez años no podremos hacer mucho.

Cuando servimos al Señor, un requisito básico es que tengamos una visión clara ante Él. Tan pronto como aparezca una obra, sabremos que debe ser realizada. Si nuestros ojos están velados, ¿cómo podremos ver algún servicio que deba realizarse? Nuestro espíritu debe ser sensible a Dios; si no es así, trabajaremos muy lentamente. Debemos prestar atención a la orden de nuestro Señor: *"Alzad vuestros ojos, y mirad"*. No confiemos en lo que otras personas puedan decir: *"Aún faltan cuatro meses para que llegue la siega"*. Escuchemos la palabra del Señor: *"Alzad vuestros ojos, y mirad los campos, porque ya están blancos para la siega."* Qué extraño es que pasemos por los campos diariamente y nuestros ojos nunca vean la siega, pensando que vendrá dentro de cuatro meses. Aunque nuestras manos hayan llegado cerca de lo que debe ser hecho, seguimos sin ser conscientes de ello. Esto es verdaderamente sorprendente.

Nunca hemos visto a ninguna persona que Dios usara, que fuera perezosa. La persona que Dios puede usar es la que busca trabajo para hacer y que quiere ejercitarse. No se atreve a desperdiciar el tiempo haciendo en dos días lo que debe terminarse en uno solo. Una persona que es descuidada en cuanto al tiempo, no es de mucha utilidad en manos de Dios. Cuántas personas esperan que las empujen, como un reloj de péndulo necesita ser movido por una mano para empezar. Empujas, y ellos se mueven; si no lo haces, se quedan quietos. Estas personas son inútiles en el servicio de Dios. En cualquier lugar en que haya hermanos que trabajen diligentemente, habrá resultados. En algunos lugares Dios hace una gran obra, porque hay muchos que trabajan sin descanso; mientras que en otros, la obra del Señor desaparece porque hay muchos ociosos; la obra es pobre porque los obreros son perezosos.

Una forma del sustantivo "diligencia" en griego es *spoude*, término que denota empeño, celo (o algunas veces, la prisa que lo acompaña, como en Marcos 6:25 o Lucas 1:39, donde *spoude* se traduce "prisa" o "prontamente"); en Romanos 12:8 se traduce "solicitud" en la Versión Reina Valera 1960 (RVR) y "diligencia" en la Biblia de las Américas (BA); en Romanos 12:11 se traduce como "diligencia" en ambas versiones; en 2 Corintios 8:7, se traduce "solicitud" en ambas versiones; en Hebreos 6:11 tanto la RVR como la BA traducen "solicitud"; en 2 Pedro 1:5, ambas coinciden en "diligencia"; en Judas 3, la RVR traduce "solicitud", mientras que la BA dice "empeño"; y en 2 Corintios 7:11 y 12, se traduce como "solicitud", tanto en la BA como en la RVR. La forma verbal complementaria es *spoudazo*, que significa apresurarse para hacer algo, esforzarse o poner diligencia. Así logramos una mejor comprensión de sus múltiples significados. En Romanos 12:11, las palabras que se traducen como "diligencia" y "perezosos" se unen en la expresión: *"En [lo que requiere] diligencia, no perezosos"*, RV (*"no seáis perezosos en [lo que requiere] diligencia"*, BA), donde la palabra diligencia se usa como sinónimo de tarea u ocupación, lo cual quiere decir que no debemos ser perezosos u holgazanes en nuestras tareas u ocupaciones.

Se ha intentado reflejar en castellano, en cuanto fue posible, las comparaciones existentes en el original entre las siguientes versiones inglesas de la Biblia: English Revised Version, American Revised Version, y Authorized o King James Version. En la edición inglesa se incluye una nota del traductor sobre An Expository Dictionary of New Testament Words, en el que el autor se basó para la redacción del párrafo. (N. de la T.).

Si no somos diligentes, somos perezosos. En el área espiritual, una persona quizá deba hacer el trabajo de diez o hasta cien personas. ¿Cómo podremos satisfacer las demandas de la obra si somos holgazanes y necesitamos diez personas para hacer el trabajo de uno?

Debemos estar dispuestos a ser diligentes. El hecho de que realmente estemos ocupados o no es secundario; lo principal es que estemos dispuestos a ser diligentes. Ante Dios debemos buscar diligentemente qué hacer. Esto no significa, por supuesto, que debemos mantenernos constantemente apurados e inquietos, porque eso solo puede ser un obstáculo. Ser diligente significa simplemente no tenerle miedo al trabajo, sino servir a Dios celosamente, siempre fervientes en espíritu. Significa buscar cosas que hacer para Dios. Esto no necesariamente se manifestará en la acción, pero debe estar presente en nuestra disposición y en nuestro carácter. Si tenemos tendencia a la pereza, podemos estar ocupados doce horas por día, pero no duraremos mucho; porque solo los que están dispuestos a ser diligentes y no perezosos pueden ser útiles.

Una persona de constitución indolente y perezosa puede, naturalmente, forzarse a trabajar durante dos horas, pero orará de la mañana a la noche para que lo que es grande se haga pequeño, y lo que es pequeño se disuelva en la nada, para terminar sin tener que hacer nada. Todo lo contrario del Señor Jesús, porque Él vino al mundo a buscar a los hombres y una obra para realizar. El Señor dijo: *"Porque el Hijo del Hombre vino a buscar y a salvar lo que se había perdido"* (Lucas 19:10). No solo vino a encontrarse con los hombres, vino a buscarlos. Solo una disposición como esta nos permitirá andar en los caminos de Dios.

"Vosotros también, poniendo toda diligencia por esto mismo, añadid a vuestra fe virtud; a la virtud, conocimiento; al conocimiento, dominio propio; al dominio propio, paciencia; a

la paciencia, piedad; a la piedad, afecto fraternal; y al afecto fraternal, amor" (2 Pedro 1:5-7)

¡Todo esto se llama diligencia! Pedro menciona aquí los siete "agregados" o "añadidos". Una persona diligente siempre está añadiendo, nunca le falta. ¡Oh, que podamos cultivar ese hábito ante Dios! Tener esto, y agregar eso, y lo otro, y lo otro...

Sigamos añadiendo todo el tiempo. Porque esta búsqueda delante de Dios seguramente traerá resultados. Pero si nuestro temperamento es indolente, no podremos lograr nada en ninguna parte.

Una persona que no tiene sentido de la responsabilidad, ninguna carga sobre sus hombros, que no desea desarrollar su tarea o hacerla bien, que no piensa ganar más personas para Dios, ni le interesa extender el evangelio hasta los fines de la Tierra, es muy posible que deje que las cosas pasen de largo. ¿Cómo podrá Dios utilizar a alguien así? ¿Cómo podrá trabajar para Dios si no se conmueve al conocer un alma que no es salva? El obrero que Dios desea es aquel que no suelta las cosas; sino que siempre sigue añadiendo, una tras otra, las cualidades del carácter cristiano. Y *"si estas cosas están en vosotros, y abundan"*, concluye Pedro, *"no os dejarán estar ociosos ni sin fruto en cuanto al conocimiento de nuestro Señor Jesucristo"* (v. 8). Por tanto, Pedro nos habla aquí de abundar en diligencia.

¿Pero cómo se hace? Añadiendo una cosa tras otra; la consecuencia es que no estaremos ociosos. En otras palabras, la pereza debe ser atacada con diligencia. Con diligencia, una cosa se añade a la otra. Nunca sentimos contentamiento con lo logrado, ni pensamos en abandonar, sino en seguir hasta abundar en el conocimiento del Señor Jesucristo hasta el final, para que no seamos ociosos ni infructuosos.

Debemos ejercitarnos en esta tarea de añadir constantemente para contrarrestar nuestra tendencia natural a la pereza.

Prestemos atención a las palabras de Pedro. Si predicáramos acerca de la diligencia, podríamos decir: "Agreguemos esto a aquello diligentemente", y terminar ahí. Pero el apóstol sigue agregando, siete veces en total. Nos muestra cómo, habiendo obtenido una cualidad, tenemos que agregar otra, y luego otra, y otra más, hasta que abundemos en estas cualidades del carácter cristiano, para que no estemos ociosos ni sin fruto. Pidámosle a Dios que transforme nuestro carácter, haciendo que nos deleitemos en el trabajo, que busquemos oportunidades de servir, y que no seamos indolentes o perezosos.

Pero también notemos que Pedro no termina allí, tampoco. Sigue, declarando: *"También yo procuraré con diligencia que después de mi partida vosotros podáis en todo momento tener memoria de estas cosas"* (v. 15). El apóstol puso diligencia para que recordaran.

Quizás veía demasiadas personas perezosas; por eso quería poner él mismo la diligencia necesaria para hacerles recordar estas cosas. Oh, aprendamos a servir a Dios diligente y prontamente.

Aprovechemos cada oportunidad para servir. Además de trabajar con nuestras manos y pies, debemos tener también la actitud de un corazón inclinado a servir. Los que conocen la verdad claramente ante el Señor, pero son perezosos por naturaleza, son absolutamente inútiles y no pueden servir a Dios.

Tanto la segunda carta a Timoteo como la epístola a Tito mencionan algo con respecto a la responsabilidad en el servicio.

"Procura venir pronto a verme" (2 Timoteo 4:9). Si una persona es diligente, vendrá rápidamente; si es perezosa

vendrá lentamente, o quizá no venga. Pablo lo dice una vez más, doce versículos después: *"Procura venir antes del invierno"* (4:21a). Y también le escribe algo similar a Tito: *"...apresúrate a venir a mí en Nicópolis..."* (Tito 3:12a). La palabra "diligencia" se usa en todos estos casos, enfatizando así el tema en estas cartas. Se refiere a la versión bíblica en inglés (N. de la T.)

La misma palabra se emplea en la Epístola de Judas: *"Amados, por la gran solicitud que tenía de escribiros acerca de nuestra común salvación, me ha sido necesario escribiros exhortándoos que contendáis ardientemente por la fe que ha sido una vez dada a los santos"* (Judas 1:3). En otro lugar Pablo menciona esta palabra una vez más. En 2 Corintios 7, hablando sobre su arrepentimiento, escribe: *"Porque he aquí, esto mismo de que hayáis sido contristados según Dios, ¡qué solicitud* (en griego, éste es el mismo sustantivo -spoude- que en otros lugares se traduce como "diligencia") *produjo en vosotros...!"* (v. 11).

Una persona que verdaderamente desee servir al Señor debería sentir la magnitud de su responsabilidad, la urgencia de las necesidades externas, así como la brevedad de su tiempo y lo limitada que es la duración de su vida. Si somos conscientes de esto, seremos diligentes y no perezosos. La falta de conciencia en cuanto a este tema, nos hará infructuosos en la obra de Dios.

La carga de la obra del Señor debería pesarnos a tal punto que tengamos que trabajar, sin comer, sin dormir ni descansar algunas veces, encontrando así el camino recto en el servicio a Dios. Si no es así, si consideramos al descanso como el requisito básico y esencial de nuestra vida, no podremos lograr nada en la obra de Dios.

Comprendamos que nuestro tiempo no puede ser más corto, nuestra responsabilidad no puede ser mayor, y las necesidades del mundo no pueden ser más urgentes. Debe ser como si fuéramos personas a punto de morir predicándole a un mundo agonizante, como si nuestra respiración estuviera a punto de detenerse y la oportunidad fuera a desvanecerse. Aquí debemos darnos por entero. ¿Cómo podremos lograr algo si somos perezosos para ver las necesidades del mundo e indiferentes hacia nuestra responsabilidad y el poco tiempo disponible? Hoy, cada siervo de Dios debe servir sintiendo que es un hombre a punto de morir, con un período de tiempo muy limitado. ¿Cómo puede ser alguien perezoso en tales circunstancias?

Por tanto, levantémonos y aprendamos a convertirnos en personas diligentes, tal como Pablo dijo: *"Golpeo mi cuerpo, y lo pongo en servidumbre"*. No es suficiente con tener el deseo de servir a Dios. Debemos comprender que a menos que nos golpeemos a tal punto que no podamos dejar de darnos por entero diariamente a Dios, no podremos trabajar ni ser útiles. No debemos engañarnos a nosotros mismos. Alguien puede decirle al Señor: "Estoy dispuesto a sacrificar mi vida por ti", y ser habitualmente perezoso; es parte de su temperamento evitar hacer cosas. ¡Al llevar este mal hábito a la obra de Dios, la dejará pasar de largo! Si Pablo hubiera esperado hasta haber recibido el llamado del varón macedonio antes de ponerse a trabajar, en el Libro de los Hechos se habría registrado solo su tarea en Macedonia; porque de todas las obras que llevó a cabo, el llamado a ir a Macedonia se produjo solo una vez. Todas sus otras obras habían surgido de la carga que le había dado el Señor.

Si esperas hasta que te vengan a buscar los hermanos, serás de muy poca utilidad en tu vida. La obra aparece cuando tomo una carga. Yo soy el que se da cuenta de que el tiempo es corto, la necesidad del mundo es grande, y la obra de Satanás crece a pasos agigantados. Por eso no puedo menos que ser diligente y no descansar.

La senda de la diligencia

Volvamos al pasaje de Mateo 25:18-30 y estudiemos nuevamente cuáles son sus implicaciones para los que servimos al Señor como obreros suyos. En el futuro, cuando estemos ante el juicio de Cristo, se nos podrán hacer dos cargos: uno es el de haber sido malos; el otro, haber sido negligentes. ¿Qué significa ser malos?

Es considerar que el Señor es duro. Quizá no muchos serán culpables de este pecado de maldad. Pero me temo que nueve de diez que un día se encuentren frente al Señor, tendrán que confesar que han sido perezosos. En ese momento, el Señor dirá: *"Y al siervo inútil echadle en las tinieblas de afuera"* (v. 30a).

El Señor juzga a los perezosos como siervos inútiles.

Algunas veces nos preguntamos por qué Dios usa a un determinado hermano. En ese momento veremos que es porque se entregó por entero. Pasó muchas horas y estuvo trabajando día y noche. El camino de servicio al Señor que está delante de nosotros sigue la senda de la diligencia, un camino por el que los perezosos no andan. Se nos pide que pongamos todo lo que somos en la tarea. A menos que resolvamos el problema de nuestro carácter negligente, no podremos hacer nada. Por la indolencia, una persona se reduce a la mitad, o quizá menos; hasta puede llegar a ser la décima parte de una persona. Actualmente, pocos conocen realmente a Dios. ¿Cómo puede hacerse su obra si las cosas se alargan durante un prolongado período de tiempo? En el pasado hemos visto a muchos caer al costado del camino y volverse inútiles porque eran perezosos. Ellos tendrían que ser una advertencia para nosotros.

Debemos cambiar nuestros hábitos y nuestro carácter debe ser transformado. Que Dios elimine esa pereza de nosotros y que hagamos que nuestro cuerpo nos obedezca estrictamente. Si no es así, no habrá camino para la obra de Dios.

Qué extendido está este problema de la holgazanería en la obra de Dios. Quizá nueve de cada diez tengan esta tendencia. Una persona que sirve al Señor debe tener el impulso interior que lo mantenga en movimiento. Por eso las Escrituras no emplean a un caballo sino a un buey para ejemplificar el servicio, porque el trabajo del buey es constante. Hoy, mañana y pasado mañana, trabajará en forma continua, sin trabas. ¿Cómo puedes esperar algún resultado si hoy estás de humor para trabajar, pero mañana no; si hoy trabajas porque el tiempo está bueno, y mañana te vas porque el tiempo está malo? Pero si trabajas paso a paso, día tras día, siempre ocupado, sin abandonar, vas a tener resultados.

Que Dios nos libre de la mucha frivolidad y la mucha necedad. Que nos haga ser como bueyes, para que en el servicio de Dios podamos ponernos bajo el yugo, lo aseguremos y sigamos adelante, sin abandonar. Seremos diligentes y no perezosos; así encontraremos nuestro camino en la obra de Dios.

En el Antiguo Testamento, el Libro de Proverbios habla muy definidamente y con frecuencia sobre la pereza. La palabra hebrea *atsel* se traduce "perezoso" catorce veces (6:6, 9; 10:26; 13:4; 15:19; 19:24; 20:4; 21:25; 22:13; 24:30; 26:13, 14, 15, 16); la palabra hebrea *atslah*, que se traduce "pereza" se utiliza una vez (19:15); y la palabra hebrea *remiyyah*, que se traduce "negligencia" o "indolente" se utiliza dos veces (12:24, 27). Así que vemos que Salomón habló con frecuencia de este tema.

Comprendamos claramente que la pereza es un hábito que se desarrolla durante un largo período de tiempo. No se puede cambiar en uno o dos días. A menos que lo ataquemos drásticamente, nos encontraremos enredados en él por el resto de nuestras vidas. No pensemos que simplemente por escuchar un mensaje podremos resolverlo. No es tan simple. Saber y comprender que se ha convertido en una tendencia durante muchos años de un mismo hábito en nuestra vida; y por lo tanto solo puede ser cambiado con una severa disciplina y quizá un largo período de tiempo ante Dios. Por eso, todos los que son holgazanes, ataquen este problema implacablemente. Si no lo hacen, ningún holgazán podrá hacer una buena obra para el Señor, ya que naturalmente no está dispuesto a trabajar. En la obra de Dios no hay esperanza para las personas que no han arreglado ese asunto.

Por otra parte, todos los que verdaderamente son siervos de Dios son "entrometidos", porque están siempre buscándose problemas. Se imponen cargas; buscan soluciones a los problemas; no evaden las dificultades. Así que, aquellos que deseamos servir al Señor, ataquemos severamente el hábito de temer a los problemas y evadir las responsabilidades. Debemos atacar drásticamente esta área de nuestras vidas, porque los perezosos no pueden servir a Dios.

6.

Refrena su lengua

Controlar el modo de hablar

Muchas personas podrían ser usadas en gran manera por Dios; podrían ser vasos útiles en sus manos. Pero no son usadas por Él, o si lo son, no son efectivas. Una de las razones principales es su falta de control al hablar. Descuidar este asunto es abrir una puerta por la que el poder de Dios puede fluir hacia afuera o perderse. Lo que decimos puede servir como salida para el poder de Dios, o como un agujero por el que se pierda. Lamentablemente, muchos permiten que el poder de Dios se pierda.

Santiago escribe en su carta: *"¿Acaso alguna fuente echa por una misma abertura agua dulce y amarga?"* (3:11). La boca del obrero de Dios debería echar agua dulce y viva. Él debe proclamar la Palabra de Dios. Por ejemplo, no podemos usar el mismo balde para llevar agua para cocinar y agua para limpiar los baños. Si se usara el mismo balde para ambas tareas, se pondría en peligro la salud de los seres humanos, hasta su vida. De igual manera, si nuestra boca se usa para proclamar la Palabra de Dios, entonces no debemos usarla descuidadamente para otros propósitos. Si usamos nuestra boca para hablar de muchas cosas que no sean la Palabra de Dios, no seremos aptos para proclamar su Palabra.

Muchos no son usados, o son usados solo limitadamente, por Dios, porque de sus bocas salen dos cosas opuestas: lo dulce y lo amargo. Sus bocas pronuncian muchas palabras que no son de Dios, al mismo tiempo que pronuncian la Palabra de Dios.

Debemos reconocer delante del Señor que nuestra boca ha sido ofrecida para proclamar su Palabra. ¿No es una enorme responsabilidad que la palabra de Dios sea hablada a través de nosotros? En Números 16 está escrito que Coré y sus conspiradores atacaron verbalmente a Moisés y a Aarón. Luego trajeron sus incensarios ante Dios. Ellos habían pecado, por lo que perecieron. Pero esos incensarios eran santos. Así que Dios le habló a Moisés y le dijo: *"Que tome los incensarios de en medio del incendio, y derrame más allá el fuego; porque son santificados (...) y harán de ellos planchas batidas para cubrir el altar"* (vv.37-38). Lo que ha sido una vez ofrecido al Señor es santo para siempre, y por lo tanto, no debe ser usado para otro propósito.

Algunos hermanos y hermanas piensan erróneamente que pueden hablar la Palabra de Dios en un momento y la palabra de Satanás en otro (la mentira, por ejemplo, es, como sabemos, de Satanás).

Pero no debemos hacer esto. Una vez que la boca de un creyente proclama la Palabra de Dios, esa boca es del Señor para siempre.

Lamentablemente, el poder de muchos creyentes se ha perdido por lo que hablan. Algunos otros tienen el potencial de ser usados poderosamente por el Señor, pero pronuncian palabras que no son de Dios, y por consiguiente pierden su poder interior mientras hablan. Ten muy en cuenta que una fuente puede dar solo una clase de agua. Una vez que tu boca anuncia la Palabra de Dios, debes darte cuenta de que de allí en adelante ya no tienes autoridad para decir lo que no es de Dios. Tu boca está santificada; es santa. Todo lo que ha sido consagrado una vez, es del Señor para siempre. No debe serle quitado nuevamente. Así vemos la relación entre la Palabra del Señor y tu palabra. Tu boca está santificada y sólo puedes hablar la Palabra del Señor. Qué penoso es que muchos que deberían ser usados por Dios no son aptos porque su boca es un gran agujero que deja escapar su poder. El poder se seca si la boca da dos clases de palabras. El problema de muchos radica en que hablan demasiado, como señala el Predicador de la antigüedad: *"Porque de la mucha ocupación viene el sueño, y de la multitud de las palabras la voz del necio"* (Eclesiastés 5:3). La multitud de sus palabras es lo que mina el poder de muchos. Les gusta hablar de muchas cosas; siempre tienen algo sobre qué hablar. No solo hablan mucho, sino que les fascina divulgar las palabras que hablaron otras personas. ¡Oh! Guardemos nuestras bocas con tanto cuidado como debemos guardar nuestro corazón (ver Proverbios 4:23), especialmente aquellos que hemos de servir como voz de Dios, que hemos de ser usados para proclamar su Palabra. Nuestra boca está santificada como vaso santo para el servicio del Señor. ¡Cuánto más, entonces, debemos guardarla como guardamos a nuestro corazón! No podemos dejarla sin control.

Doce claves en la forma de hablar

Un siervo de Dios debe prestar atención a varias cosas (doce, en realidad), con relación a lo que habla:

Primero, debemos tener cuidado delante de Dios en cuanto a las palabras que escuchamos con frecuencia. Porque lo que escuchamos demuestra la clase de personas que somos. Muchos no te contarán sus asuntos porque saben que no eres la misma clase de persona que ellos, y por lo tanto sería inútil contártelo. Pero si las personas continuamente te dicen ciertas palabras con total tranquilidad, es porque saben que eres de su misma clase, y están seguros del efecto que causa decírtelas. Por lo tanto, la clase de palabras que se acumulan en ti solo confirma la clase de persona que eres.

Segundo, la clase de palabras que creemos fácilmente, refleja un carácter similar en nosotros. Porque determinada clase de persona cree determinada clase de palabras. El hecho de escuchar mal y creer fácilmente se debe a una cierta cortedad de vista; es decir, es el caso de quien no está bajo la luz de Dios. La falta de luz crea el error. Por consiguiente, la clase de palabras que oímos muchas veces revela nuestra debilidad. Pero también creer una determinada clase de palabras también revela cuál es nuestra enfermedad espiritual. A veces las personas creen aun antes de escuchar las palabras. Y se gozan cuando, finalmente, las palabras llegan. No importa cuán extrañas puedan ser las expresiones; ellos las toman como dignas de ser aceptadas. Así que la clase de palabras que una persona cree muestra la clase de persona que es.

Tercero, hay otra característica de la misma naturaleza que las de escuchar y creer, que es la de divulgar las palabras. Luego de escuchar y creer determinada clase de palabras, la persona las divulga. Esto indica no solo la clase de persona que es y la falta de luz que sufre, sino también su deseo de involucrar a otros haciendo lo mismo. Escuchar es oír lo que alguien dice; creer es aceptar lo que dice; pero el acto de divulgarlo es involucrarse por completo. A muchas personas les gusta tanto hablar y divulgar toda clase de cosas, que cualquier poder que podrían tener se pierde inmediatamente. Con el consiguiente resultado de que no pueden ser buenos ministros de la palabra de Dios.

Cuarto, hablar en forma inexacta es otro aspecto muy serio de este asunto. Algunos quizá tengan un problema distinto de los ya mencionados: frecuentemente, lo que dicen es inexacto. Dicen una cosa en un momento y otra en otro momento. Alguien que tiene "doblez" no puede ser diácono (ver 1 Timoteo 3:8), porque habla según la persona con quien está. Te dice una cosa en la cara y otra a tus espaldas. Esta persona es inútil para la obra de Dios.

Si no podemos controlar nuestra lengua, ¿cómo podremos controlarnos a nosotros mismos para servir a Dios? Debemos disciplinarnos y poner a este miembro del cuerpo en servidumbre, antes de que podamos servir bien al Señor. Porque, como nos ha dicho la Biblia, la lengua es el miembro más corrompido del cuerpo, el que frecuentemente nos lleva a los más terribles problemas. Hablar en forma inexacta, hablar con doble mensaje, y hablar deshonestamente: todas estas cosas revelan un carácter débil. Esta clase de personas no puede estar delante de Dios, y no tienen su poder. Ser imprudente y falso en el hablar es una seria falla en un buen carácter. Necesita ser tratada para que no afecte gravemente la obra de Dios.

Quinto, hablar deliberadamente con un doble mensaje. Esto es más serio que hacerlo en ignorancia, como dijimos antes. Algunos pueden hablar así ignorando que lo hacen. Hablan así porque son tan inocentes que ven poca diferencia entre el "sí" y el "no".

Para ellos no hay "sí" o "no"; todo es indefinido. Cuando se les pregunta si algo es negro, dicen que es negro; pero si les preguntan si eso mismo es blanco, dicen que es blanco. Para ellos todo es gris. Son bastante descuidados y no reflexionan. Esta clase de doble mensaje se debe a la ignorancia.

Pero otros lo hacen deliberadamente; hablan así a propósito. En el caso de estas personas, no se trata de un temperamento débil; es corrupción moral. En Mateo 21:23-27, cuando los principales sacerdotes y los ancianos del pueblo se acercaron al Señor Jesús y le preguntaron: *"¿Con qué autoridad haces estas cosas?"*, Él les contestó con otra pregunta: *"El bautismo de Juan, ¿de dónde era? ¿Del cielo, o de los hombres?"* Ellos razonaron entre sí, diciendo: *"Si decimos, del cielo, nos dirá: ¿Por qué, pues, no le creísteis? Y si decimos, de los hombres, tememos al pueblo; porque todos tienen a Juan por profeta."* Así que respondieron a Jesús diciendo: *"No sabemos."* Esta respuesta es una mentira voluntaria.

Recordemos lo que nuestro Señor dijo: *"Pero sea vuestro hablar: Sí, sí; no, no; porque lo que es más de esto, de mal procede"* (Mateo 5:37). Decir "sí, sí" y "no, no": esto es hablar honestamente. Si interiormente especulo cómo responderán las personas a lo que digo, estoy manipulando. Esta no debe ser ni la intención ni la actitud de alguien que quiere hacer la obra del Señor. ¡Si hablo con artimañas, mis palabras se convierten en instrumentos de engaño! En cambio, nosotros debemos imitar a nuestro Señor, que se negó a hablar cuando trataron de acusarlo atrapándolo en sus propias palabras (ver Juan 8:5-6). Si debemos hablar, que sea "sí, sí" y "no, no". Porque Jesús dijo que lo que es más que esto, procede del maligno. Aquí no valen los astutos.

Pablo persuadió a los Corintios, diciendo: *"Nadie se engañe a sí mismo; si alguno entre vosotros se cree sabio en este siglo, hágase ignorante, para que llegue a ser sabio"* (1 Corintios 3:18). Y escribió a los romanos: *"Pero quiero que seáis sabios para el bien, e ingenuos para el mal"* (Romanos 16:19c). Pablo afirmaba esto porque la astucia en estas cosas es inaceptable ante Dios. Nuestra sabiduría está en las manos del Señor. No debemos tener un mensaje con dobleces.

Qué triste que esto sea un problema de muchos creyentes.

Aquellos cuyas palabras no son dignas de confianza no son útiles en las manos del Señor. Tarde o temprano arruinarán su obra.

¿Cómo podrán ser usados por Él, si todo el tiempo vacilan entre el sí y el no, lo correcto y lo incorrecto, lo que puede hacerse y lo que no puede hacerse? Aquellos cuyas palabras siempre están cambiando y nunca se puede confiar en ellas, son inútiles en la obra de Dios.

Sexto, tenemos que vigilar lo que escuchamos. Nosotros, los obreros de Dios, tenemos, por el hecho de serlo, mucho más contacto con las personas, y por lo tanto, muchas más oportunidades que otros, tanto de hablar como de escuchar. Si no estamos disciplinados en nuestro hablar, podemos fácilmente predicar la Palabra de Dios por una parte, y por la otra sembrar discordia. Si no refrenamos nuestra lengua, podemos estar construyendo la obra de Dios por un lado, mientras que por otro la estamos echando abajo. Por lo tanto, necesitamos que Dios controle las cosas que escuchamos. Muchas veces, cuando los hermanos y hermanas nos cuentan sus problemas que pueden estar relacionados con sus necesidades personales y con la obra de Dios, por supuesto, debemos esforzarnos realmente por escucharlos. Debemos ser capaces de escuchar verdaderamente, encontrar cuáles son los problemas o dificultades, y dar la ayuda que sea necesaria. Pero mientras estamos escuchando, inmediatamente después de haber comprendido la situación, debemos dejar de escuchar. Podemos decirle amablemente a la persona: "Lo que has dicho es suficiente, puedes dejar de hablar ahora". No sería correcto que sigamos escuchando por curiosidad, como si nos ocupáramos de escuchar historias. Lo que la persona ha dicho hasta ahora es suficiente para que sepamos dónde está el problema. Tan pronto como hayamos comprendido la situación por medio de lo que nos ha relatado, podemos decirle: "Hermano, esto es suficiente".

No debemos caer en la concupiscencia de seguir escuchando indefinidamente. Como seres humanos, tenemos el deseo incontrolable de querer saber cosas y, por lo tanto, el ansia de querer escuchar más cosas. Pero debe haber un límite adecuado para lo que sepamos y escuchemos. Y cuando lleguemos a ese límite o esa medida, no sigamos en ese camino. Solo escuchamos para poder orar. Solo escuchamos para resolver problemas que nuestros hermanos y hermanas pueden tener personalmente o que se relacionan con la obra de Dios. Por lo tanto, debemos dejar de escuchar en un punto determinado, sin dudar.

Séptimo, la necesidad de aprender a ser confiable. Cuando una persona te cuenta su problema, es porque tiene confianza en ti.

Por lo tanto, no debes traicionar esa confianza divulgando sin ningún cuidado lo que se te ha confiado. Excepto en casos en que sea necesario para la obra, jamás deberías hablar sobre estas cosas. ¿Cómo podrás participar de la obra del Señor si no refrenas tu lengua? A un siervo de Dios se le confían muchas cosas. Él debe saber que su confianza es santa y digna. Las palabras que te han dicho no son de tu propiedad; se han convertido en asuntos de tu ministerio y de tu servicio. Por consiguiente, no debes hacer chismes de esas palabras que te han dicho como confidencia.

En los temas espirituales debemos aprender a guardar y proteger a nuestros hermanos y hermanas, no hablando a la ligera de sus dificultades espirituales. Es una situación completamente diferente, por supuesto, si existe la necesidad de hablar sobre estas dificultades para descargar nuestra responsabilidad en la obra de Dios y solucionarlas. Sin embargo, hablar mucho es una gran pérdida, algunas veces irreparable. Alguien que habla demasiado y repite muchos chismes no es de confianza en la obra de Dios. Estemos alertas delante de Dios; pidámosle que refrene nuestra lengua para que no abramos la boca sin pensar. El hecho de que una persona haya logrado el control de sí misma, o no, se muestra claramente a través de su hablar. Si es disciplinada, refrena su lengua. Esto es algo a lo que debemos prestarle mucha atención.

Octavo, es necesario tener cuidado con las mentiras. El doble mensaje lleva fácilmente a la mentira. Las palabras que se dicen para llevar a las personas a sacar conclusiones falsas, son mentiras; de la misma forma, las palabras que se dicen con la intención de crear conceptos erróneos, también son mentiras.

Algunas veces no hay ninguna afirmación falsa en las palabras que se dicen; pero se hablan de una forma determinada para producir una impresión errónea. Esto también es una mentira. Por tanto, comprendamos que la honestidad en nuestro hablar debe ser juzgada por nuestra intención interior, al igual que por las palabras que pronunciamos. Si un hermano te pregunta algo que no puedes decirle, es mejor que le digas: "No puedo decirlo", en vez de engañarlo. Una afirmación falsa es una mentira; algo que se dice con la intención de llevar a una conclusión errónea, también. Si queremos que las personas crean en las cosas verdaderas, no debemos confundirlos para que crean en falsedades. Con respecto a los hijos de Dios, su hablar debe ser "sí, sí" y "no, no"; lo que es más que eso "de mal procede".

En una ocasión el Señor Jesús les dijo estas duras palabras a los judíos: *"Vosotros sois de vuestro padre el diablo, y los deseos de vuestro padre queréis hace (...) Cuando habla mentira, de suyo habla; porque es mentiroso, y padre de mentira"* (Juan 8:44). La mentira viene del demonio, que ha mentido desde el principio hasta ahora. Él es un mentiroso; pero no solo miente él, sino que es padre de todos los otros mentirosos. Por esta razón, es detestable encontrar una mentira en los labios de un hijo de Dios, especialmente en los labios de un obrero de Dios.

¡Qué lejos hemos caído de la gracia, si nos involucramos en una mentira! Es una brecha enorme en nuestra estructura como cristianos. ¡Es un asunto terriblemente serio! Debemos guardarnos de mentir. No nos atrevamos a decir que nuestro hablar es totalmente correcto, ya que cuanto más querramos controlar nuestro hablar, más sentiremos lo difícil que es. A veces queremos hablar verazmente, pero por una pequeñez inadvertida hablamos en forma inexacta. Si nos resulta difícil hablar precisamente mientras estamos cuidándonos de hacerlo, ¡cuánto más inexacto será nuestro hablar si no nos cuidamos! Si no es fácil hablar verazmente cuando nos controlamos, ¿cómo será nuestro hablar si no ejercemos ningún control en absoluto? Por eso debemos controlarnos y guardar nuestro hablar. No debemos ser negligentes en nuestra disciplina si no queremos ser descalificados para el servicio a Dios. Porque el Señor no puede usar a nadie que hable para Él al mismo tiempo que habla para Satanás. Dios nunca usará a esta persona.

Noveno, hay otro punto que requiere nuestra especial atención, que es que no debemos "contender, ni vocear". Del Señor Jesús se profetizó: *"No contenderá, ni voceará, ni nadie oirá en las calles su voz"* (Mateo 12:19). El apóstol Pablo escribió algo similar: *"Porque el siervo del Señor no debe ser contencioso"* (2 Timoteo 2:24a). Ningún siervo de Dios debe contender o gritar.

Gritar no es correcto. El siervo del Señor debería disciplinarse para no contender ni vocear. Gritar es una señal de poco poder.

Es, al menos, una indicación de que uno tiene poco control sobre sí mismo. Un siervo de Dios no debería elevar su voz tan fuerte que puedan escucharlo desde el cuarto contiguo al que está.

Nuestro Señor Jesús nos ha dejado un ejemplo al no haber elevado su voz como para que se oyera en las calles. Este control va más allá de no hablar mentiras. Aunque nuestro hablar sea cierto y exacto, no contenderemos ni vocearemos. Si un hermano o hermana levanta la voz, nosotros, que tenemos autodisciplina, seguiremos manteniéndonos en silencio. Nos controlaremos y controlaremos nuestra voz de la misma forma que lo hizo el Señor Jesús.

Aprendamos delante de Dios a sujetar nuestra lengua para no hacer ruido ni contender impetuosamente. Esto no significa, naturalmente, que de aquí en adelante debemos poner un rostro duro y cerrar los labios cuando nos hallamos frente a otra persona. No, no; debemos ser naturales y conversar naturalmente con las personas. Esperamos que todos los que sirven al Señor sean más sensibles, tiernos y amables. Miremos a nuestro Señor Jesús. ¡Qué sensible y tierno fue cuando estuvo en la Tierra!

Nunca contendió ni voceó, ni se oyó su voz en las calles. El siervo de Dios debe impresionar a las personas como alguien lleno de ternura.

Décimo, observemos la intención y el hecho interior. El hablar externo es una cosa; la intención del corazón es completamente diferente. Los hijos de Dios no deben observar la exactitud de sus palabras mientras descuidan la exactitud del hecho interno del corazón. Le daríamos más importancia a lo último que a lo primero. Muchos tienen la debilidad de controlar la exactitud de sus palabras, al tiempo que descuidan la veracidad del hecho interno. Comprendamos que aun cuando hablemos cuidadosamente y con exactitud, de todas formas podemos no ser fidedignos. Porque en la presencia de Dios debemos prestar más atención a la precisión del hecho interior. Seremos de muy poca utilidad para Dios si nuestro hablar es exacto, pero el hecho interno está distorsionado.

Algunos hermanos y hermanas son muy cuidadosos al hablar, pero aun así no se puede confiar en ellos. Aunque no podamos descubrir ninguna falla en sus palabras, sentimos que buscan la exactitud de su expresión en vez de la del hecho. Supongamos, por ejemplo, que odias a un hermano. Esto es un hecho interior. Según los hechos, lo odias en tu corazón. Pero si lo encuentras en la calle, lo saludas y le estrechas la mano. Y lo recibes cuando viene a tu casa. Lo visitas cuando está enfermo y le envías dinero y ropa en tiempo de necesidad. Pero un día, cuando te preguntan sobre tu actitud para con ese hermano, puedes perfectamente responder (aunque realmente lo odies en tu corazón): "¿Acaso no lo saludé y estreché su mano? ¿No lo visité y lo cuidé en tiempo de necesidad?" Verdaderamente, la razón está de tu lado. Tienes razón ante la ley de Dios, y hablas lo correcto. Pero, sin embargo, lo que has querido decir con tus palabras es mentira, porque el hecho interno no se corresponde con ellas.

Conocemos algunos hermanos y hermanas que ponen mucho énfasis en las formas. No se les puede encontrar ninguna falla en este aspecto. Pero su corazón no está de acuerdo con sus formas. No hay nada incorrecto en lo que dicen, pero no tienen la intención que dejan traslucir con sus palabras. Esto debe ser condenado.

Cuando abres tu boca para hablar, ¿controlas solamente la exactitud de la forma como evidencia de tu veracidad? Si es así, debes examinar delante de Dios cuál es la intención de tu corazón. Porque este es un problema básico que se esconde detrás de mucho de lo que habla el hombre. No es suficiente que las palabras sean correctas; ni siquiera es suficiente tratar bien a los demás. Estas cosas no pueden ser presentadas como pruebas de que no odias a alguien. Debemos mirar el hecho interior, el verdadero estado del corazón, y no solo las palabras de nuestra boca. Para hablar con verdad, debemos tener un hecho verdadero adentro. Si las palabras externas no reflejan el hecho interior, lo que se dice no es sino una mentira. Qué triste es que muchos vivan bajo esta clase de ilusión. Por lo tanto, en nuestro hablar debemos controlar no solo nuestras palabras, sino, más profundamente, nuestras intenciones.

Décimo primero, no hablar palabras ociosas. El Señor ha declarado que *"de la abundancia del corazón habla la boca... Mas yo os digo que de toda palabra ociosa que hablen los hombres, de ella darán cuenta en el día del juicio."* Luego continuó diciendo: *"Porque por tus palabras serás justificado, y por tus palabras serás condenado"* (Mateo 12:34, 36-37). Es, obviamente, importantísimo que los hijos de Dios no hablen palabras ociosas cuando se reúnen. Esto no debe interpretarse como que no debemos saludarnos o charlar sobre el tiempo o las flores. Palabras como estas están dentro de los límites propios de las relaciones humanas y, por tanto, están justificadas. La expresión de "palabras ociosas", sin embargo, significa otra cosa. Se refiere a los chismes sobre un asunto con el que no estás relacionado en absoluto. No debemos hacer esto. Pero, si alguien lo hace, el Señor dice claramente que *"de ella darán cuenta en el día del juicio"*. Una palabra ociosa no se dice una sola vez; al menos, se dice dos; hoy se dice, y en el día del juicio se repetirá una vez más. Cada palabra ociosa que los hombres digan será repetida literalmente en el día del juicio. Ese día descubrirás cuántas palabras ociosas has dicho, y serás justificado o condenado por tus palabras. Ninguno de nosotros puede arriesgarse a hablar irreflexivamente.

Debemos evitar el hablar y bromear tontamente. Decir algunas palabras graciosas o contarles bromas inocentes a los niños sería algo distinto. No, lo que mencionamos aquí es lo que Pablo dice en Efesios: *"Ni palabras deshonestas, ni nece-dades, ni truhanerías"* (v. 5:4a). Allí Pablo hace referencia a palabras insustanciales y frívolas, que debemos rechazar to-talmente.

Además, no debemos hablar burlonamente. Cuando el Señor estaba en la cruz, toda clase de personas se burlaban de Él y lo ridiculizaban, diciendo cosas como: *"Si eres Hijo de Dios, desciende de la cruz"* (Mateo 27:40); *"A otros salvó, a sí mismo no se puede salvar"* (v. 42a); *"Descienda ahora de la cruz, y creeremos en él"* (v. 42c) ; *"Confió en Dios; líbrele aho-ra si le quiere"* (v. 43a); y, *"Veamos si viene Elías a bajarle"* (Marcos 15:36b). Todo esto es un ejemplo de burla y ridícu-lo en su peor forma. Los que no creen en la segunda venida del Señor dicen, burlonamente: *"¿Dónde está la promesa de su advenimiento? Porque desde el día en que los padres durmie-ron, todas las cosas permanecen así como desde el principio de la creación"* (2 Pedro 3:4). El mundo podrá burlarse y em-plear todas las formas del ridículo; pero estas no correspon-den a un hijo de Dios.

Décimo segundo, finalmente debemos evitar hablar a espaldas de la gente o juzgarla. El que injuria comete un pe-cado digno de la excomunión (ver 1 Corintios 5:11, 13b). Los hijos de Dios deben guardarse de pronunciar palabras injuriosas: no deben decir nada de esa naturaleza.

Hablar bien cotidianamente

Quien realiza la obra de Dios debe hablar con propiedad. No debe ser irreflexivo en sus palabras. Solo así podrá ser la voz de Dios y evitar muchas dificultades. Nos entristece sobre-manera el hecho de que muchas veces al obrero de Dios le falta refrenar su lengua, con el resultado de que muchos her-manos y hermanas disfrutan de sus historias y sus juicios, pero desprecian su predicación de la Palabra de Dios. No creas que no importa que hablemos cosas "graciosas" con nuestros hermanos y hermanas.

Nuestro hablar puede ser muy divertido. Pero espera a que nos paremos a predicar la Palabra de Dios, y verás como lo consideran tan divertido como nuestras historias. Las personas dejarán de respetar lo que decimos.

Quizá un hermano hable y todos lo escuchen, mientras que otro puede hablar también, sin que nadie lo escuche. ¿A qué se debe esta diferencia? ¿Acaso no hablan las mismas palabras? La Palabra de Dios está bien, pero uno de ellos ha hablado en forma distinta del otro en las charlas diarias. Reconozcamos que si dos de nosotros hablamos en forma diferente sobre otros hechos, podemos hablar ambos la misma Palabra de Dios, pero el poder de esa Palabra será diferente en uno y en otro. La persona que habla irreflexivamente y sin refrenarse en su charla diaria, tendrá ese mismo efecto sobre las personas cuando predique la Palabra de Dios. Tendrá tan poca fuerza y poder como antes.

No olvidemos fácilmente lo que hemos aprendido de las Escrituras, que una fuente no puede echar agua dulce y amarga por una misma abertura. No puedo echar un dulce fluido en una oportunidad y un fluido amargo en otra. El agua amarga es siempre amarga. Aunque su amargura pueda desvanecerse un poco, sigue siendo amarga. También observemos que, cuando se mezcla agua sucia con agua limpia, la primera no se vuelve limpia, sino que esta última se ensucia. Muchos hermanos ven que su poder disminuye, no porque hayan hecho algún mal al predicar la Palabra de Dios, sino porque han hablado mal en los temas cotidianos; así que nadie los escucha cuando suben a predicar. Ten muy en cuenta que las palabras que se hablan desde la plataforma vienen después que las que se dicen fuera de ella. Si hablas tontamente cuando no estás allá arriba, lo que digas en la plataforma se desvanecerá por completo, y el agua dulce se te habrá vuelto amarga. No necesitamos preparar diariamente las palabras que diremos desde la plataforma, pero debemos prestar atención diariamente a las que decimos cuando estamos abajo. ¿Cómo ansiamos manifestar poder en el servicio de Dios si en nuestra vida diaria somos indisciplinados y hablamos sin cuidado, palabras inexactas, distorsionadas y tontas, o incluso mentiras?

Pero si refrenamos nuestra lengua en el hablar diario desde el principio, podremos predicar la Palabra de Dios.

También hay una estrecha relación entre el hecho de que hablemos con exactitud y nuestro estudio de la Biblia. Porque la Biblia es el libro más exacto. No hay más que un solo conjunto de palabras en todo el universo que sea absolutamente cierto, y es el que se encuentra en la Palabra de Dios. Si no tenemos el hábito de hablar con exactitud, no podremos estudiar la Biblia ni predicar sobre ella. A juzgar por la manera en que hablan algunos hermanos, debemos llegar a la conclusión de que no pueden estudiar la palabra de Dios. Así como es necesario que una persona tenga un cierto carácter para poder predicar la Palabra de Dios, de la misma forma se requiere un carácter específico de quien estudie la Palabra de Dios. Una persona imprudente no puede manejar bien la Biblia. Porque ella es extraordinariamente precisa, y la persona irreflexiva solo hará que la Palabra de Dios se pierda y de esa forma no sea bien comprendida.

Ilustremos lo que significan la exactitud y la precisión en este contexto. Mateo 22 relata que los saduceos no creían en la resurrección. Ellos buscaron al Señor Jesús y le plantearon una pregunta aparentemente difícil:

Hubo, pues, entre nosotros siete hermanos; el primero se casó, y murió; y no teniendo descendencia, dejó su mujer a su hermano. De la misma manera también el segundo, y el tercero, hasta el séptimo. Y después de todos murió también la mujer. En la resurrección, pues, ¿de cuál de los siete será ella mujer, ya que todos la tuvieron? (vv. 25-28).

Lo que ellos sugerían era que la resurrección era algo increíble. Sería mejor que no hubiera resurrección, ya que si no, crearía grandes problemas y mucha confusión. Ellos vinieron para razonar con el Señor y demostrarle que si la resurrección era cierta, el problema que creaba carecía de solución. Pero veamos cómo les respondió el Señor Jesús:

Erráis, ignorando las Escrituras y el poder de Dios. Porque en la resurrección ni se casarán ni se darán en casamiento, sino serán como los ángeles de Dios en el cielo. Pero respecto a la resurrección de los muertos, ¿no habéis leído lo que os fue dicho por Dios, cuando dijo: Yo soy el Dios de Abraham, el Dios de Isaac y el Dios de Jacob? Dios no es Dios de muertos, sino de vivos (vv. 29-32).

Los saduceos habían escudriñado cuidadosamente las Escrituras; sin embargo, el Señor dijo que no las entendían. ¿Por qué? Porque hablaban a la ligera; nunca se hubieran imaginado que Dios hablara en forma tan precisa.

Para probar a sus cuestionadores la verdad de la resurrección, nuestro Señor no citó otro pasaje que no fuera el de Exodo 3: *"El Dios de Abraham, Dios de Isaac, y Dios de Jacob"*. Pero, ¿cómo prueba este versículo la resurrección?, habrán pensado los saduceos. *"Dios no es Dios de muertos, sino de vivos"*, dijo el Señor. Abraham había muerto, Isaac había muerto, y Jacob también había muerto. Los tres estaban muertos y enterrados. ¿No pensaríamos entonces que Dios es Dios de los muertos, ya que había declarado que era Dios de Abraham, Dios de Isaac y Dios de Jacob? ¡Pero nuestro Señor agregó que Dios no es Dios de muertos, sino de vivos! ¿Cómo resolver esta aparente paradoja? Bueno, ya que Dios no es Dios de muertos, Abraham, aunque esté verdaderamente muerto en la actualidad, un día vivirá. Isaac y Jacob también. ¿Pero cómo pueden vivir los muertos? La respuesta: debe ser a través de la resurrección. Abraham será resucitado, Isaac será resucitado y Jacob también será resucitado, simplemente porque el Dios de Abraham, de Isaac y de Jacob no es Dios de muertos, sino de vivos. Vemos entonces cómo el Señor Jesús usó estas palabras para responder a la pregunta de los saduceos. Observa qué exactas y precisas fueron las palabras del Señor. Él les mostró cómo habían errado debido a su ignorancia (sí, incluso debido a su manejo inexacto) de las Escrituras, así como a su ignorancia del poder de Dios.

Si hablamos a la ligera, no podremos percibir la exactitud de la Palabra de Dios. Una disposición descuidada hace que pensemos en forma poco precisa. No podemos ser exactos; por lo tanto, permitiremos que se escape la precisa Palabra de Dios. Las Escrituras hablan con certeza absoluta. Cada detalle minucioso es exacto. El Señor dijo que *"ni una jota ni una tilde pasará de la ley, hasta que todo se haya cumplido"* (Mateo 5:18). Las jotas y las tildes de cada palabra que Dios usa son acentuadas. No pueden ser cambiadas. Y dado que Dios mismo habla con tal exactitud, el siervo de Dios debe también hablar de esa manera.

No dejemos de observar que Dios habla siempre con solidez. Cada palabra suya es sustancial e inamovible. Si estudias la Biblia y llegas a conocerla, confesarás que no se puede agregar ni quitar ni una letra de ella. Debemos subrayar este punto: quien habla a la ligera no puede ser siervo de Dios. Porque no puede manejar la Palabra de Dios correctamente, ni tendrá poder ni impacto en los hermanos y hermanas a los que les predique. Qué triste es escuchar predicar a un determinado hermano al que conoces muy bien. Cuando lo escuchas, sabes bien que es una persona indisciplinada que habla a la ligera. Con el resultado de que cuando se para a predicar, trata a la Palabra de Dios en forma liviana y poco responsable. Esto no debería sorprenderte, ya que ¿cómo podrá ser cuidadoso en la plataforma si ha sido tan descuidado fuera de ella? Comprendamos que una persona indisciplinada e irreflexiva no puede estudiar la Biblia ni hablar por el Señor adecuadamente. Pidámosle a Dios que nos muestre misericordia, haciendo que hablemos con exactitud. Debemos orar constantemente pidiéndole al Señor que nos dé la lengua de los sabios, para que no seamos personas imprudentes que permitamos que se pierda el testimonio de Dios. Una persona que no refrena su lengua no puede encontrar los hechos de la Palabra de Dios, ni comprenderlos bien. Por lo tanto, aprendamos a hablar con cuidado para que podamos descubrir la precisión de cada palabra de Las Escrituras.

Cuidar el hablar ligeramente

Cada uno de los que trabaja en la obra del Señor tiene su especialidad. Tiene algo particular en él que Dios puede usar.

Pero también debe ser normal en las otras áreas, para evitar pérdidas. Alguien puede tener algo especial en un área, pero si tiene un problema en otra, el poder y la efectividad de su ministerio se perderán. Los bloques de la construcción del carácter que hemos mencionado en los capítulos anteriores: saber escuchar, amar a la humanidad, estar dispuesto a padecer, someter al cuerpo, ser diligente y no perezoso, son las cualidades más comunes que debemos tener. A ningún siervo de Dios pueden faltarle estas cualidades. El control de la lengua que estamos presentando es también una de las cualidades más comunes que es necesario poseer. Porque una persona que habla a la ligera en otras ocasiones no puede pronunciar la Palabra de Dios con exactitud en el momento de predicar y enseñar. Muchos hermanos parecían tener un brillante futuro, pero su poder en Dios se ha perdido por completo debido a su forma imprudente de hablar.

Debes esforzarte al máximo para conservar el valor, el peso y la utilidad espiritual que tienes para Dios. No puedes arriesgarte a dejar que lo que es especial en ti, o incluso aquello que es normal, se consuma gradualmente. Debes cerrar cada abertura que produzca pérdidas para preservar tu ministerio. La preservación del ministerio es esencial para el obrero de Dios.

Si no lo hacemos, cualquier cosa que Dios nos haya dado o haya hecho en nuestras vidas, se perderá por completo. No debemos descuidar ninguna de estas cualidades. Y con respecto a este tema que estamos tratando, debemos permitir que el Espíritu Santo trabaje en nuestro hablar y debemos aceptar cualquier juicio que sea necesario de parte de Dios. No es suficiente con simplemente poseer esta y aquella otra cualidad positiva de las que hemos estado hablando; además, debemos preservarlas diligentemente para que nada se pierda ni se desvanezca. Pero es especialmente cierto que si no se controla adecuadamente la lengua, sin duda se perderán todas las otras cualidades positivas que ya se habían logrado.

En nuestra vida futura, pero antes del día del juicio de Cristo, la destrucción que nuestro hablar les cause a otros estará por encima de cualquier otro factor. Esto es así porque la destrucción que producen nuestras palabras no termina en nosotros mismos; continúa y afecta a otras personas. Una palabra no se termina cuando se la ha pronunciado. Su eco se extiende. No puedes borrar la palabra que has pronunciado, aunque quieras.

Puedes arrepentirte, pedir perdón, postrarte en polvo y ceniza, diciendo: "Señor, he hablado sin saber". Pero aunque la sangre de Cristo seguramente te limpiará, no podrá erradicar esa palabra del mundo. Esa palabra continuará aquí. Puedes confesarte ante el Señor y ante tu hermano; el Señor puede perdonarte y tu hermano también. Pero esa palabra que hablaste irreflexivamente seguirá extendiéndose por la Tierra. Para algunas personas puede ser difícil estar dispuestas a padecer, o saber escuchar, o ser diligentes; pero ningún problema tiene consecuencias más graves que las de no refrenar la lengua, ya que la muerte que se extiende por las palabras que hablamos irreflexivamente, o cuando hablamos demasiado o sin saber, nos seguirá hasta el fin.

Por esta razón, aquí nos enfrentamos a un tema realmente delicado. Arrepintámonos delante de Dios, porque muchas palabras que salen de nuestra boca hacen daño en vez de dar fruto. Muchas palabras que salen de nuestra boca son ociosas. Y estas palabras, una vez pronunciadas, se extienden y dejan de ser ociosas. Aunque al hablarlas lo hayamos hecho ociosamente, nuestras palabras, después de un tiempo, se volverán muy activas y trabajarán sin cesar. Por lo tanto, pidámosle a Dios su misericordia, que purifique el pasado y limpie el presente. Que nuestros labios sean purificados con carbones encendidos (ver Salmo 120:2-4 e Isaías 6:5-7). Porque si nuestra lengua es así purificada, no seguiremos hablando sin cuidado, y así disminuiremos el impacto de muchas situaciones irreversibles. Muchas situaciones adversas se producen y luego no pueden ser modificadas. Lot, por ejemplo, pudo arrepentirse de su pecado con sus dos hijas y ser restaurado, pero Moab y Amón siguen existiendo hasta el día de hoy (ver Génesis 19:30-38). Abraham tuvo a Isaac luego de arrepentirse por Ismael, pero Isaac siempre ha tenido un adversario. Abraham pudo enviar fuera a Agar, pero el problema creado se ha prolongado indefinidamente (ver Génesis 8-11ss.). De la misma forma, una palabra pronunciada nunca se detiene, y el efecto negativo que produce jamás terminará por completo.

Por tanto, no podemos menos que orar al Señor: "Oh, Señor, necesitamos que purifiques nuestra lengua con fuego, para que ya no hablemos a la ligera, palabras ociosas o palabras de mentira. De aquí en más, haz que tengamos la lengua de los sabios" (ver Isaías 50:4). Y una vez que el Señor nos haya permitido refrenar nuestra lengua del hablar insensato, nos preparará para que seamos su voz. Si no es así, siempre será inconcebible, (aunque pueda ocurrir, sin embargo) que de una misma fuente podamos hacer que salgan dos clases diferentes de agua, dulce y amarga. Tú dices que quieres servir a Dios y que quieres participar de su obra. Pero, ¿cómo puedes hablar su Palabra y la palabra del diablo al mismo tiempo? No se puede. Debemos pedir al Señor que su gracia nos permita terminar con la historia de una lengua "libre" y hacer que le digamos: *"Sean gratos los dichos de mi boca y la meditación de mi corazón delante de ti"* (Salmo 19:14). ¡Que el Señor tenga misericordia de nosotros! *"Y por ellos yo me santifico a mí mismo"*, oró el Señor Jesús al Padre (Juan 17:19a). Todos los que sirven al Señor, no importa el puesto que ocupen, deben aprender a santificarse y apartarse.

Para servir a la gente, debemos santificarnos en nuestro hablar. ¡Qué tentación tan grande es hablar! Cuando algunas personas están juntas hablando, sentimos la tentación de unirnos a su charla. Pero aprendamos a apartarnos para no caer y hablar a la ligera. Oh, cuánto necesitan aprender nuestras palabras y nuestra lengua ser instruida y disciplinada (ver Isaías 50:4, donde la expresión también puede traducirse como "la lengua de los discípulos" o de "los disciplinados"). Que nuestra lengua sea purificada con carbones encendidos y que no caigamos en esta tentación. Cuando algunos hermanos y hermanas estén hablando en forma inadecuada, lo primero que debemos hacer es apartarnos de ellos, porque en el momento en que nos sumemos a ellos, caeremos. Debemos apartarnos de ellos y de sus palabras. Cada vez que esta situación se presente, no caigas en la tentación, sino sepárate. Confiamos que Dios tendrá misericordia de nosotros y gradualmente nos edificará en su múltiple gracia.

7.

Debe ser estable

El ejemplo de Simón Pedro

Un obrero de Dios debe tener otra cualidad de carácter.

Podríamos llamarla estabilidad; un obrero debe ser emocionalmente estable. Muchos son sólidos y firmes ante Dios, mientras que otros son inconstantes, despreocupados, cambian según el ambiente. Esta naturaleza poco confiable no surge de que no deseen que se confíe en ellos, sino de un carácter poco seguro.

Estas personas cambian como el tiempo. No son sólidas. Pero Dios requiere que quienes lo sirvan tengan una constitución firme, confiable, inamovible.

En la Biblia podemos encontrar un hombre al que era fácil trastornar. Todos sabemos que ese hombre era Pedro. Pero antes de examinar en detalle la naturaleza débil, vacilante, poco confiable, del carácter de Simón Pedro, primero consideremos una serie de pasajes en las Escrituras que nos dan a todos ciertas esperanzas en este tema que tratamos. Antes que nada, leamos:

Viniendo Jesús a la región de Cesarea de Filipo, preguntó a sus discípulos, diciendo: ¿Quién dicen los hombres que es el Hijo del Hombre? Ellos dijeron: Unos, Juan el Bautista; otros, Elías; y otros, Jeremías, o alguno de los profetas. Él les dijo:

Y vosotros, ¿quién decís que soy yo? Respondiendo Simón Pedro, dijo: Tú eres el Cristo, el Hijo del Dios viviente (Mateo 16:13-16).

Basándonos en 1 Juan 5:1a (*"Todo aquel que cree que Jesús es el Cristo, es nacido de Dios"*) y 5:13 (*"Estas cosas os he escrito a vosotros que creéis en el nombre del Hijo de Dios"*), podemos decir con seguridad que Pedro no habría sabido las cosas que dijo en su confesión a Jesús en Cesarea de Filipo a menos que hubiera obtenido la vida de Dios; porque veamos qué dice el versículo siguiente: *"Bienaventurado eres, Simón, hijo de Jonás, porque no te lo reveló carne ni sangre, sino mi Padre que está en los cielos"* (v. 17). Por favor, ten en cuenta el hecho de que la gente puede estar con Jesús, hasta sentarse a su lado y caminar junto a Él, pero nunca sabrán quién es Jesús a menos que ese mismo conocimiento interior que recibió Pedro les sea revelado por el Padre que está en los cielos.

Ahora prestemos mucha atención al versículo 18a. Jesús continuó diciendo: *"Y yo también te digo, que tú eres Pedro* (en griego, Petros, piedra) *y sobre esta roca* (En griego. petra, roca) *edificaré mi iglesia"*. Debemos darnos cuenta de que la verdadera Iglesia de Dios no es una institución que pueda ser conmovida. Porque la Iglesia, como el Señor declara aquí, está construida sobre la roca. Tengamos esta roca en mente mientras continuamos con el tema.

Aquí, en Mateo 16, el Señor parece estar refiriéndose indirectamente a lo que había dicho en otra ocasión registrada en Mateo 7. Allí Él hablaba de una persona que había construido su casa sobre la arena; pero cuando la lluvia descendió, vino la inundación, y sopló el viento, la casa fue golpeada con violencia y cayó bruscamente. Pero otra persona, dijo Jesús, había construido su casa sobre la roca; y, aunque, como antes, descendió la lluvia, vino la inundación, sopló el viento y todos golpearon la casa con violencia, la casa no cayó (ver vv. 24-27).

Por eso, cuando luego el Señor declara que edificará su Iglesia sobre la roca, nos muestra que su Iglesia, como la casa construida sobre la roca, nunca caerá. No importa cuánto descienda la lluvia, se levante la inundación o sople el viento, la casa de Dios no caerá. Desciendan o no las lluvias, venga o no la inundación, soplen o no los vientos, ninguno de estos factores constituye un problema para esta casa espiritual. Porque está construida sobre la roca; y por consiguiente, la Iglesia es estable, a prueba de derrumbes, e inamovible. Esta es la naturaleza básica de la Iglesia.

Observa, también, que cuando Pablo le escribió a Timoteo, llamó a *"la casa de Dios (...) iglesia del Dios viviente, columna y baluarte de la verdad"* (1 Timoteo 3:15). La iglesia es como una columna fijada firmemente que no puede ser sacudida. No importa mucho si se mueve una silla, pero es preocupante si una casa se tambalea. La naturaleza fundamental de la iglesia es que está construida sobre la Roca que es estable e inamovible. Todos los hijos de Dios que están edificados sobre esta Roca, son piedras.

Pedro mismo escribió algo muy similar mucho después, en su primera carta: *"Vosotros también, como piedras vivas, sed edificados como casa espiritual"* (2:5a). Cada uno y todos los hermanos y hermanas son piedras vivas edificadas sobre la Roca.

En esta construcción, lo que está abajo es lo que está por encima. Cualquiera sea el fundamento, es el mismo material que el de la estructura superior, y viceversa.

En la Iglesia no hay ladrillos, solo piedras. En notorio contraste, la torre de Babel fue construida con ladrillos, porque la construyeron hombres que trabajaban con piedras de imitación.

Pero en la Iglesia no hay ladrillos, nada de imitaciones hechas por el hombre. La Iglesia está edificada sobre la Roca. Cada uno de nosotros es como una piedra para el Señor. Y estas piedras se unen para edificar una casa espiritual. Así vemos muy claramente que la Iglesia de Cristo posee esta naturaleza básica de estabilidad.

Luego de todo esto, el Señor hace la declaración: *"Y las puertas del Hades no prevalecerán contra ella"* (Mateo 16:18b).

Como hemos visto, esta entidad inamovible que menciona el Señor se llama Iglesia. Su fundamento es la Roca, inamovible y firme, y su construcción o estructura superior es de material similar, es decir, piedras, que tampoco pueden ser conmovidas. Pero si todo esto es cierto, ¿cómo puede ser que los ministerios de la Iglesia sean tantas veces tan poco confiables e inestables? Este es el tema del cual trataremos de hablar de ahora en adelante. Por favor, ten en claro que no estamos hablando de la Iglesia; vamos a tratar el tema de los ministros de la Iglesia. Cuando el Señor le dijo a Simón: *"Tú eres Simón Pedro"*, quería decir: "Tú eres una piedra." Pedro, aquí, representa a todos los ministros de la Iglesia. Todos los que trabajan y sirven deben ser piedras.

Aunque estas piedras no son tan macizas como la Roca, de todas formas tienen la misma característica de que son firmes e inamovibles. Aquí vemos que un ministro no puede ser inestable, porque, ¿acaso no es una piedra? Sin embargo, todos sabemos muy bien que lamentablemente muchos son poco confiables e inestables.

Y este es el problema que esperamos tratar aquí.

Más adelante, el Señor continúa su enseñanza diciendo: *"Y a ti te daré las llaves del reino de los cielos; y todo lo que atares en la tierra será atado en los cielos; y todo lo que desatares en la tierra será desatado en los cielos"* (Mateo 16:19). La promesa que el Señor da a la iglesia también se la da a Pedro. Por favor, observa que mientras en Mateo 18:18 (y compara el v. 17) vemos que esta promesa se le hace a la Iglesia, aquí en Mateo 16 se le hace a Pedro personalmente. Todo esto indica que nuestro Señor ve a Pedro como ministro de la Iglesia. El Señor le da las llaves del reino de los cielos para que pueda abrir la puerta. Y creemos que luego de la resurrección y ascensión del Señor, Pedro realmente abrió las puertas del reino de los cielos: primero en el día de Pentecostés y luego en la casa de Cornelio. Abrió las puertas tanto para los judíos como para los gentiles.

Ahora bien, como Pedro (es decir, como piedra) él puede usar las llaves. Pero cuando no es un Pedro (es decir, cuando no es una piedra), no puede usarlas. Hoy no todos los que se llaman Pedro son realmente Pedro, así como no todos los que se llaman Israel son realmente fuertes. El nombre de una persona puede ser Israel, y aun así puede ser débil. Aquí hay un hombre cuyo nombre es Pedro; el Señor le da las llaves. Cuando es realmente Pedro, cuando es realmente una piedra, puede usar las llaves. Lo que él ate será atado, y lo que desate será desatado.

Por lo tanto, para que un ministro tenga una estructura interna aceptable, su carácter debe ser estable. Este es un requisito fundamental. Cuando una persona es inconstante, no puede ser un ministro de Dios, ni la Iglesia puede seguirlo. Algunos hermanos y hermanas tienen este defecto de carácter. Con facilidad son sacudidos, siempre cambiando, oscilando. No son estables y sólidos delante de Dios. Estas personas no pueden servir a la iglesia porque no pueden pararse firmemente y, por consiguiente, las puertas del Hades prevalecerán contra ellas.

Gracias a Dios por usar a Pedro como ejemplo en su Palabra.

Dios busca un hombre cuya naturaleza sea la misma que la del fundamento de la Iglesia. Gracias a Dios por elegir a Pedro como muestra, nos asegura así a nosotros que lo seguimos, que él puede transformarnos para que tengamos esa estabilidad, así como lo hizo en Simón Pedro. Este hombre aquí es llamado Pedro, pero no parece un Pedro. Su nombre es verdaderamente una "piedra", pero su personalidad es como el agua que corre, cambia continuamente su curso; a veces es resuelto, otras vacila; a veces es fuerte, otras débil. El Señor lo pone ante nosotros para enseñarnos que antes de que Él trabaje con nosotros, nuestro temperamento es bastante irresoluto. Antes de transformarnos en piedras, no podemos usar las llaves, y tampoco somos de una especial utilidad para Dios. Hasta que esta disposición débil pueda ser transformada por Dios, no podemos ser útiles para Él.

Le damos gracias al Señor porque el carácter humano puede ser cambiado. No es algo definitivo. Como en el caso de Pedro, una persona vacilante puede ser trasformada en alguien estable. Bajo la luz ardiente del Señor, tu lengua puede ser purificada, a tal punto que aunque antes fueras un charlatán, ahora serás un hombre de pocas palabras. Bajo la amonestación del Señor, la pereza de los ociosos desaparece. Cuando el Señor maldijo la higuera, esta se secó desde las raíces. Porque donde está la maldición y la reprobación del Señor, hay sequedad y muerte. Si no has conocido profundamente al Señor, puedes vivir en una manera ligera, feliz y despreocupada. Pero una vez que lo has conocido realmente, tu naturaleza frívola se seca. Al contacto de la luz del Señor, ya sea por escuchar la Palabra de Dios o por la represión directa de un hermano, te deshaces. Ante la represión del Señor, llegas a tu fin.

Lo que decimos aquí, por lo tanto, se relaciona con la formación del carácter, o más exactamente con la reconstrucción del carácter. Muchos tienen una disposición débil, distraída, fría o perezosa, pero cuando el Señor se acerca, se secan bajo su luz. Qué gracia mostró el Señor al elegir a Pedro; de no haber sido así, todos los débiles y vacilantes entre nosotros podrían considerarse perdidos. Nuestro Señor elige a un hombre, lo llama Pedro, lo transforma para que sea una piedra, pone las llaves del reino de los cielos en sus manos y lo lleva a la Iglesia.

De doble ánimo

Las Escrituras nos dicen que Pedro confesó al Señor como Cristo, Hijo del Dios viviente. Y la respuesta inmediata del Señor fue: *"No te lo reveló carne ni sangre, sino mi Padre que está en los cielos"*. Todo esto es obra de Dios. No hay el menor trabajo de parte de Pedro. Aquí él recibió la revelación del Padre, revelación que no podía haber sido conocida por carne y sangre, ni siquiera por su carne y sangre. Después de esto leemos un pasaje inquietante y sombrío: *"Desde entonces comenzó Jesús a declarar a sus discípulos que le era necesario ir a Jerusalén y padecer mucho de los ancianos, de los principales sacerdotes y de los escribas; y ser muerto, y resucitar al tercer día. Entonces Pedro, tomándolo aparte, comenzó a reconvenirle, diciendo: Señor, ten compasión de ti; en ninguna manera esto te acontezca. Pero él, volviéndose, dijo a Pedro: ¡Quítate de delante de mí, Satanás!"* (Mateo 16:21-23a). Lo que queremos es llamar la atención entre la revelación que Pedro recibió, según el pasaje anterior, y el hecho de que ahora fuera usado por el diablo, como lo muestra este pasaje. Podemos decir que en el caso anterior Pedro se encontró con el Padre celestial, pero ahora se encontró con Satanás. Antes, pudo confesar ante Jesús: *"Tú eres el Cristo, el Hijo del Dios viviente"*; ahora, podía decirle: *"en ninguna manera esto te acontezca"*. ¡La distancia moral y espiritual entre estos dos pasajes es como la distancia física entre el Polo Norte y el Polo Sur!

Si comprendemos bien, la revelación que Pedro recibió es la más grandiosa que se registra en los cuatro evangelios. Fue el Padre quien dio a Pedro esta revelación de conocer a Jesús como el Cristo, el Hijo del Dios viviente. Fue el Señor mismo el que le mostró a Pedro que la Iglesia debe estar edificada sobre esta base. En realidad, la revelación que Pedro tuvo aquí es de tan vasta significación, que ni siquiera fue vislumbrada por los otros que estaban cerca del Señor, ni por sus otros seguidores. Lo más probable, según podemos asegurar con bastante confianza, es que lo que Pedro vio fuera la mayor revelación que una persona puede recibir. Pero igualmente grande fue la caída de Simón Pedro, pues pronto cayó al valle más bajo. Habló no solamente de su propia carne, sino que en realidad habló palabras de Satanás.

Anteriormente había hablado por el Padre, pero ahora cambió y habló por Satanás. ¡Sin dudas, un giro de ciento ochenta grados!

Si la Iglesia se hubiera edificado sobre un ministro como este, seguramente las puertas del Hades habrían prevalecido contra ella. La Iglesia no puede ser edificada por una persona tan vacilante, porque requiere de personas que sean piedras para levantarla.

Los ministros de la Iglesia deben ser estables como piedras. No deben hablar por Dios y luego volverse y hablar por el enemigo de Dios. Este es un tema serio. Pedro cayó a lo más bajo solo poco tiempo después de haber recibido la revelación más sublime. Trató de impedir que el Señor fuera a la cruz. Dejó de ocuparse de las cosas de Dios, y por lo tanto fue usado por el archienemigo de Dios. Cuando Pedro pronunció las palabras de Satanás, las puertas del Hades se abrieron. Si Satanás y las puertas del Hades hubieran obtenido la victoria, la Iglesia habría sido derrotada.

Si el Señor no hubiera transformado a Pedro en una sólida piedra, la Iglesia habría tenido pocas esperanzas.

Hoy necesitamos ministros estables, que sean confiables e inamovibles como piedras. No debemos pensar y hablar una cosa ahora y pensar y hablar otra cosa luego. Si somos verdaderamente sólidos y firmes delante de Dios, habrá bendición para la Iglesia, y las puertas del Hades no prevalecerán contra ella. Si somos débiles y vacilantes, Satanás podrá hablar y las puertas del Hades se abrirán inmediatamente. El caso de Pedro sirve como extremo contraste. La distancia que cubre es muy extensa. Pero así podemos saber qué clase de persona era Pedro naturalmente.

En otra ocasión, el Señor Jesús, luego de terminar la última cena con sus discípulos, les dijo: *"Todos vosotros os escandalizaréis de mí esta noche; porque escrito está: Heriré al pastor, y las ovejas del rebaño serán dispersadas"*. Pero Pedro le respondió, diciendo: *"Aunque todos se escandalicen de ti, yo nunca me escandalizaré"* (Mateo 26:31,33). Según su temperamento, lo que Pedro decía era cierto. No mentía, y no quería mentir.

Recordemos, sin embargo, que en el momento en que nos consagramos o nos dedicamos personalmente al Señor, pronunciamos muchas palabras ante Él que estaban más allá de nuestra propia comprensión. Lo mismo le debe de haber sucedido a Pedro, tan emocional como era, porque no es sorprendente que haya dicho: *"Yo nunca me escandalizaré"*. Aunque así era él emocionalmente, no era así como persona.

Muchas personas que son muy emocionales, necesitan, para comprenderse y trabajar mejor consigo mismos, aprender a separar su estado emocional de sí mismos. Tarde o temprano llegarán a darse cuenta de que sus emociones no los representan en realidad.

Algunas personas pueden vivir predominantemente en su vida de pensamiento. Son la clase de persona que depende de su cerebro.

Cuando oran, oran con su mente. No conocen la diferencia entre el cerebro y el corazón. Siguen su mente a tal punto que su corazón nunca se libera. En realidad, consideran que su mente es su corazón. Pero un día reciben la luz y repentinamente se dan cuenta de que su mente no es su corazón.

Hay muchos otros, como Simón Pedro, que sienten que su corazón se vuelve extrañamente cálido. Sienten que verdaderamente aman al Señor. Pueden decir muy fácilmente: "Yo amo al Señor", y verdaderamente es así en sus emociones. Si se les desafiara diciendo que sus sentimientos no son hechos, su respuesta sería: "Si yo no amo al Señor, entonces, ¿quién lo ama?" Pero solo espera hasta el día en que se toquen sus emociones, y entonces verán que su corazón y sus emociones son dos cosas diferentes. Lo que sienten no es lo que son ellos mismos. Ellos y sus emociones están tan separados, como su mente está separada de ellos.

Aquí Pedro habló según sus emociones. Pensó que sus emociones hablaban por él. Cuando declaró: *"yo nunca me escandalizaré"*, no reconoció que ese "yo" no era él sino su estado emocional. No se daba cuenta de cuán firmemente estaba atado a él su hombre externo, ni cuán profundamente vivía en el exterior. No conocía sus propias palabras, ni a sí mismo. El Señor le respondió diciendo: *"De cierto te digo que esta noche, antes que el gallo cante, me negarás tres veces"* (v. 34). Pero ni siquiera estas dramáticas palabras hicieron recapacitar a Pedro, porque no se conocía a sí mismo aún, por lo cual siguió diciendo firmemente y declarando al Señor: *"Aunque me sea necesario morir contigo, no te negaré"* (v.35a).

Los hechos que vemos nos muestran dos extremos. Por una parte, Pedro le dijo al Señor que jamás se escandalizaría de Él; por otra parte, negó a Jesús tres veces. Por una parte, declaró que moriría con el Señor; por la otra, no solo no murió con Él sino que tembló ante la acusación de una simple criada, en el sentido de que había estado con Jesús. Estos dos extremos nos muestran cuán fácilmente podía cambiar este hombre. Aunque su nombre era Pedro, su temperamento era como el agua que corre, que cambia según las circunstancias. Estaba completamente gobernado por su ambiente. En el Getsemaní, por ejemplo, cayó dormido como los otros discípulos. Había declarado en voz alta: *"Aunque todos se escandalicen de ti, yo nunca me escandalizaré"*, pero se durmió igual que los demás en el Getsemaní.

Así que vemos claramente cuál es el temperamento de este hombre: en un instante habla con toda confianza y emoción, pero al instante siguiente se lo ve actuando en una forma totalmente opuesta. Vive en sus emociones en vez de vivir en su persona real. Un individuo puede vivir en sus emociones tanto tiempo que no llegue a conocerse a sí mismo, porque termina pensando que sus emociones son él mismo. Y así era este hombre que hemos conocido como Pedro. Dijo que nunca se escandalizaría, y realmente pensaba que sería así. Pero aun antes de haber tenido que confrontarse con alguien, se durmió en el Getsemaní. Su espíritu estaba dispuesto, pero la carne era débil.

Un poco después, Pedro se despertó, sacó una espada y le cortó la oreja al siervo del sumo sacerdote (ver Mateo 26:51 y Juan 18:10). Pedro amaba tanto al Señor que se atrevió a hacer esto por Él. No tuvo el menor cuidado por su seguridad personal. Sin dudas, en este momento había subido muy alto en su auto estima. Un momento después, sin embargo, cayó nuevamente muy abajo. Así era Pedro.

En relación con la negación del Señor por parte de Pedro, Marcos 14 nos dice que al principio, *"Pedro le siguió de lejos hasta dentro del patio del sumo sacerdote; y estaba sentado con los alguaciles, calentándose al fuego"* (v. 54). Cuando una criada del sumo sacerdote lo vio, y le dijo: *"Tú también estabas con Jesús el nazareno"* (v. 67, ver v. 66), Pedro lo negó, diciendo: *"No le conozco, ni sé lo que dices"* (v. 68). ¿Cómo podía no conocer al Señor un hombre que lo había seguido durante tres años y medio?

En un momento le cortaba la oreja al siervo con su espada, y al siguiente su coraje se desvanecía y le fallaba por completo.

Mientras el coraje del Señor permanecía firme, al ser juzgado duramente y humillado por todos, el coraje de Pedro le fallaba en la más leve circunstancia. Hacía solo un momento había deseado verdaderamente morir por el Señor; ahora amaba demasiado su propia vida. Había ido de un extremo al otro.

Una segunda vez habló la criada, pero no a Pedro, sino a los que estaban allí: *"Este es de ellos"*. La primera vez la criada se había dirigido directamente a Pedro: *"Tú también estabas con Jesús el nazareno"*; y el discípulo del Señor había negado la relación. Ahora, Pedro estaba en la entrada, cuando esta misma criada, viéndolo otra vez, les dijo a los que estaban allí: *"Este es de ellos"*. Pero Pedro negó una vez más su relación con el Señor y sus seguidores (vv. 69-70). Según el relato de Mateo, en su segunda negación, Pedro *"negó otra vez con juramento: No conozco al hombre"* (26:72).

Y luego de un rato, los que estaban allí le dijeron a Pedro: *"Verdaderamente tú eres de ellos; porque eres galileo"*. Pero Pedro comenzó *"a maldecir, y a jurar: No conozco a este hombre de quien habláis"* (Marcos 14:70,71). ¡Sí, Pedro maldijo y juró!

Antes había negado con un juramento; ahora negó con maldición y juramento.

¿Vemos la imagen? Cuando la criada le habló por primera vez, Pedro negó la acusación y se fue hacia la entrada, probablemente porque pensó que el lugar donde él y la criada habían estado era demasiado peligroso. Pero cuando oyó que la criada hablaba de nuevo, a aquellos que estaban allí, diciendo que él era uno de los seguidores del nazareno, negó nuevamente, esta vez con un juramento, que conociera al hombre. Más tarde, cuando aquellos que estaban allí también dijeron que él era uno de los del nazareno, lo negó con juramentos y maldiciones.

Tres palabras diferentes se emplean en relación con la negación de Pedro. La segunda vez, fue un *"juramento"* (en griego, *horkos*).

La tercera vez empezó a *"maldecir"* (en griego, *anathematizo*) y *"jurar"* (en griego, *omnumi*). Usó todo tipo de insultos, juramentos y maldiciones. En la segunda negación, lo hizo invocando el nombre de Dios y jurando por cielo y Tierra. La tercera vez, juró con maldiciones. No solo se apoyó en Dios para probar que no conocía al hombre, sino que también invocó una maldición para él mismo si lo conocía. ¡Cuánto había caído! Aquí vemos un hombre que no podía representar un verdadero Pedro, es decir, un Pedro estable como una piedra. Porque vacilaba todo el tiempo. Se elevaba tan alto que llegaba a tocar el cielo; y luego caía tan bajo que podía ser usado por Satanás.

En sus alturas podía declarar que aunque todos los demás se escandalizaran de Jesús, él no se escandalizaría; pero en su punto más bajo podía quedarse dormido. Era tan valiente como para sacar una espada y cortarle la oreja a Malco;

pero luego tuvo tanto miedo ante una criada que negó al Señor con un juramento y una maldición. Sin dudas, este hombre tenía un gran defecto de carácter.

Características del hombre inestable

¿Por qué sería tan inconstante un hombre como este? Normalmente, hay tres razones: primero, porque la persona es emocional; segundo, porque tiene miedo de la pérdida, del dolor, de la cruz, y porque desea complacerse a sí mismo; y tercero, porque teme a los hombres, teme no complacerlos, de la misma forma que desea disfrutar de un ambiente feliz. Estas son las razones básicas del carácter inestable. Pedro era precisamente esa clase de persona. Lo gobernaban las emociones. Quien vive según lo que siente, cambia fácilmente.

Puede tocar el cielo en un momento y ser usado por el enemigo del cielo al siguiente. Las emociones humanas no son muy confiables.

Todavía no hemos conocido una persona que conserve sus emociones por mucho tiempo. Porque si vive de emociones, vive de los estímulos que le dan las emociones. Y por eso frecuentemente se lo encuentra cambiando de lo frío a lo caliente y de lo caliente a lo frío. Esta persona puede en un momento recibir la revelación del cielo por la misericordia de Dios, y en otro decir, movida por su propia emoción: "Señor, ten misericordia de ti; en ninguna manera esto te acontezca". Pedro trató de impedir que el Señor siguiera su camino como si supiera más que Él. Es por eso que tomó a Jesús aparte y lo reprendió. Todos los que son emocionales tienden a ofrecer consejo, a actuar impulsivamente como consejeros. Parecen saber qué hacer en cada situación. Son propensos a actuar según el impulso del momento. Sienten y actúan rápidamente.

A la luz de esto que se ha dicho, deberíamos aprender que este defecto del carácter debe ser atacado. Los que nos conmovemos fácilmente no debemos engañarnos pensando que somos distintos de Pedro. No, no; la verdad es que no es así; estamos bastante cerca de él. Esta debilidad del carácter nos plantea un gran problema en nuestra obra para el Señor. A menos que se resuelva este problema, no llegará el Pentecostés. No debemos vivir según nuestras emociones. No debemos vivir de nuestros estímulos emocionales. Debemos controlarlos, porque estos impulsos inadecuados nos hacen ir de izquierda a derecha, de derecha a izquierda, de arriba hacia abajo y de abajo hacia arriba. Esto no es del Señor, sino de nuestro hombre natural corrompido. Si permitimos que este elemento nos corrompa, seremos de poca utilidad en la obra de Dios.

Solo los hombres más débiles siguen sus emociones. Este tipo de vida significa debilidad, no fortaleza. Los fuertes son capaces de controlarse. Tienen sus ojos bien abiertos para no confiar en sus propias emociones. Solo aquellos que no confían en las emociones, sino que las sujetan a su control, aprenderán cómo no vivir de ellas. Si no es así, pensarán erróneamente que sus emociones son ellos mismos.

Pedro era una persona directa. Decía lo que veía y sentía. Y honestamente pensaba que eso era cierto. A los ojos de otros hombres, era honesto, impulsivo y poco diplomático. Pero una persona así, que vive tanto de sus emociones, es inútil en la obra espiritual. Eso debe solucionarse.

Sé que muchos de ustedes sienten que aman al Señor, pero déjenme decirles que posiblemente no han amado al Señor verdaderamente. Pueden desear vivir para el Señor, pero posiblemente no hayan vivido para Él. Porque ustedes son mucho más que sus emociones, más profundos que ellas. Pueden pensar que están dispuestos a morir por el

Señor, pero no se conocen a ustedes mismos. No disciernen quién es el "yo" que profesa amar, vivir para el Señor y estar dispuesto a morir por Él. Eso es algo que está fuera de las emociones y va más profundo; ese es el verdadero "yo". Pedro confundió su hombre exterior con su verdadero yo. Algún tiempo después, sin embargo, descubrió cuál era su verdadera condición. Podemos deducir, pues, que una persona cuyas emociones no han sido quebrantadas por el Señor, siempre vivirá basándose en ellas. Cambiará con tanta frecuencia... Quizá se considere auténtica; pero en realidad la gobiernan sus emociones.

Sabemos que mentir es algo despreciable. Qué triste es que no sepamos que estamos mintiendo. De la misma forma, la falta de confiabilidad de nuestras emociones es verdaderamente lamentable, y que no sepamos que nuestras emociones no son confiables es igualmente deplorable. Es tonto que alguien dé por sentado que es lo que siente. Quizá algún día tenga que caer tan bajo como cayó Pedro para darse cuenta de que lo que siente y lo que es, son dos cosas distintas. Pedro se sentía de una manera en la última cena con nuestro Señor, pero sintió otra cosa en Getsemaní. Lo que sentía cuando salió de Getsemaní (cuando cortó la oreja del siervo) era muy distinto de lo que sintió en la entrada del patio del sumo sacerdote. Bienaventurado el hombre que puede diferenciar entre sí mismo y sus emociones. Solo el tonto piensa que sus emociones son él mismo. Todos los que realmente han aprendido de Dios sabrán que esto no es así.

¿Comprendemos todos esto? Nuestro impulso emocional no es nuestro ser. A juzgar por el impulso, podríamos decir que Pedro era un hombre piadoso que no fallaría jamás; porque ¿no sacó su espada en nombre del Señor y le cortó la oreja derecha a Malco?

Pero si juzgamos espiritualmente, la emoción de Pedro no era Pedro mismo. Su emoción era de valentía, pero la persona era cobarde. Sentía que amaba al Señor, aunque se amaba más a sí mismo. Deseaba entregar su vida; pero quería protegerse. Si la iglesia tiene un líder así, tambaleará y se conmoverá junto con su ministro, y las puertas del Hades ciertamente prevalecerán. Se ve claramente que Dios no puede usar esta clase de personas para guiar y edificar su iglesia.

Observamos anteriormente que Pedro temía a la pérdida. Una razón principal de la inestabilidad es el temor a las pérdidas.

Muchos son valientes antes de encontrarse con la cruz y sus pruebas y sufrimientos. Pero cuando llega el momento de aborrecer todas las cosas, hasta sus propias vidas, retroceden ante esa cruz. En los días normales, todos parecen amar al Señor y estar dispuestos a llevar la cruz, pero en los momentos críticos no pueden perseverar. ¿Por qué? Por el miedo a la pérdida y el amor al yo.

Aquí está el problema de Pedro. Lo que sucedió en la entrada del patio simplemente refleja la clase de persona que él era cuando confrontó al Señor en Cesarea de Filipo. Su miedo a la pérdida y su amor por sí mismo no comenzaron en la entrada al patio, porque cuando reaccionó ante la profecía del Señor sobre el inminente Calvario, rápidamente exclamó: "Señor, ten compasión de ti; en ninguna manera esto te acontezca". Porque él mismo era esa clase de persona (es decir, deseoso de evitar cualquier cruz, o dolor o pérdida para él mismo), por lo tanto, ese fue el consejo que le ofreció al Señor. Pedro le temía a la muerte y a la pérdida. En realidad, esperaba que de ninguna forma eso le aconteciera a él mismo. Se rebeló a tal punto que tomó al Señor aparte y lo reconvino. Solo una clase de persona es estable: la que es fiel al Señor hasta la muerte. Satanás no puede hacerle nada a una persona así. Los más débiles son los que aman sus propias vidas. Porque tan pronto como se ven confrontados con temas de vida o muerte, caen inmediatamente. Simón Pedro era de estos. Su consejo al Señor fue nada menos que: "Señor, no vayas a la cruz". Más tarde, cuando el Señor Jesús era juzgado, Pedro usó varios medios para salvarse él mismo de la cruz. Hasta pronunció juramentos y maldiciones.

Un gran problema es, por lo tanto, estar dispuesto a sufrir.

Pedro aprendió del Señor, y luego habló muy bien sobre este tema.

Conocía su fracaso y había aprendido la lección. Ahora se había armado con ese pensamiento (ver 1 Pedro 4:1), un arma de guerra espiritual que no tenía antes. Nadie que tenga miedo es fuerte.

Debemos aprender a llegar al punto donde podamos decirle al Señor: "Oh, Señor, gozosamente llevaré tu cruz y gustosamente soportaré todas las pérdidas; no buscaré mi propio provecho o placer". Satanás no puede hacerle nada a una persona que esté parada en este terreno. Te transformarás en una persona fuerte si no tienes miedo a la pérdida y al dolor; si, como Job, puedes decir: *"He aquí, aunque él me matare, en él esperaré"* (Job 13:15); o si, como Madame Guyon, puedes declarar que te arrodillarías para besar el látigo que él usara para corregirte.

Quien no puede ser sacudido por la cruz, no puede ser sacudido por nada, porque no hay nada en el mundo que demande más que la cruz de Jesús. Si puedes responder a la demanda mayor, sin dudas podrás responder a todas las demandas menores. Por otra parte, si no puedes tomar la cruz y seguir al Señor, incuestionablemente caerás ante cualquier adversidad. No serás estable; te derrumbarás fácilmente.

Por lo tanto, debemos creer en el hecho de la cruz y entrar en esa experiencia. Cualquier prueba, dificultad o dolor que Dios ponga en nuestro camino, debe ser aceptada con sumisión. Entonces considerarás que cualquier aflicción que el mundo te haga sufrir será luz. La razón por la que hoy tienes dificultades es que no conoces la cruz. No has pasado la prueba más grande (la cruz), y por eso caes en las pruebas más pequeñas. Si hubieras aprobado la prueba mayor, no te conmoverían las más pequeñas. Pedro cayó porque tenía miedo a la pérdida y al dolor, y porque se amaba a sí mismo.

Pero hay otra razón para que Pedro fuera tan fluctuante: es que vivía según las circunstancias. Quería navegar sin problemas y tenía miedo de la opinión de las personas. La presión de los afectos humanos es mucho mayor de lo que imaginamos, y el miedo a no complacer a los demás es más profundo de lo que quisiéramos.

En el momento en que tratemos de complacer a las personas o de evitar que se molesten, entraremos en un camino tortuoso.

Nuestras palabras estarán dirigidas a complacer a las personas que nos rodean y escucharemos demasiado lo que los demás digan; tanto como Pedro, que tuvo miedo de la criada, y de aquellos con los que estaba en la entrada del patio. En un momento así, nosotros, como él, nos dejaremos llevar por la debilidad.

¿Quieres complacer a los hombres o deseas complacer a Dios? Debes responder esta pregunta el primer día que te ofrezcas para servirlo. Si sigues insistiendo en complacer a los hombres, no podrás sufrir, y no sufrirás la ofensa de la cruz. ¿Cómo puedes caminar por el camino recto si no has definido este asunto del temor a los hombres? Este temor te afectará continuamente en tu caminar con Dios. Nunca serás estable y fuerte.

El fundamento de los ministros

La naturaleza de la Iglesia, como hemos visto, es pétrea; pero también debe serlo la naturaleza de sus ministros. El fundamento de la Iglesia es la Roca, y su estructura superior son las piedras. Por lo tanto, su servicio también debe ser de piedras, sin mudanza ni sombra de variación (ver Santiago 1:17b). Lo que es débil, vacilante o tambaleante no puede hacer ninguna contribución de valor para la obra continua de Dios. Cuando una piedra se apoye sobre la otra, toda la estructura se caerá si alguna de las piedras no es segura.

Comprende claramente que en la Iglesia de Cristo, no eres la última piedra; hay otras que se agregarán luego de ti. La Iglesia no es decenas de miles de piedras desparramadas por todas partes. Se edifica con piedra sobre piedra hasta que llega a ser una casa espiritual. Cuando una piedra no esté sobre otra, la Iglesia estará en ruinas. La destrucción completa del Templo de Jerusalén fue predicha por el Señor a sus discípulos cuando dijo que no quedaría piedra sobre piedra (ver Mateo 24:1-2). Pero observa que la edificación del Santo Templo de Dios (representado por los cristianos) es descripta por Pedro cuando habló de piedras vivas que son edificadas para formar una casa espiritual (ver 1 Pedro 2:5). Hoy Dios está edificando muchas personas e incorporando muchas cosas. Una piedra se suma a la otra. Si una piedra se mueve, creará un terrible desastre, porque muchos serán lastimados y la Iglesia no podrá avanzar.

Por esta razón nuestro carácter debe ser transformado hasta llegar a ser como la piedra, completamente confiable. Si no es así, toda la estructura será afectada negativamente por nuestro temperamento variable, y finalmente caerá. En cambio, sigamos la amonestación de Pablo: *"Estad firmes y constantes, creciendo en la obra del Señor siempre"* (1 Corintios 15:58). El camino del servicio sigue una perseverancia inamovible. Un carácter débil, que vacila, destruirá la obra de Dios.

¿Por qué muchos hermanos y hermanas no pueden hacer la obra del Señor? Es debido a que no son confiables. Por esto, lo que edifiquen caerá y, además, perderán el tiempo. Lo que se destruya puede ser igual a lo que se construya, pero el tiempo perdido no puede recuperarse. En el caso de quienes son confiables, lo que se edifica permanece y no se pierde el tiempo. Pero si hay destrucción, aunque pueda comenzarse una reconstrucción, la pérdida de diez o veinte años de todas formas sería irreparable. Por lo tanto, pidámosle a Dios que nos haga confiables. Podemos no llegar tan alto como Pedro, porque eso requiere tiempo; pero al menos podremos ser estables y confiables de manera que no veremos caerse lo que ha sido edificado.

Si somos estables y confiables, cumpliremos debidamente con la responsabilidad que se nos ha dado. Si no es así, cuando nos llamen a velar, nos dormiremos. Una persona no confiable está muy alto en un momento y repentinamente cae muy bajo. No puede velar y orar, porque debe dormir. Como necesita ocho horas de sueño, no reconoce la importancia de velar. ¿Te das cuenta de lo grande que es esta pérdida? Cuando el Señor te llame a velar, ¿te irás a dormir en vez de hacerlo? Si es así, cuando luego te llame a trabajar, ¿cómo podrás responder? No tendrás sentido de la responsabilidad.

Un hombre inestable es poco confiable, y una persona poco confiable no tiene sentido de responsabilidad. Cuando se sienta feliz, podrá hacer mucho; pero cuando se sienta deprimida irá directamente a dormir, evidenciando su falta de responsabilidad. Por tanto, un carácter estable es un requisito fundamental. Solo una persona con un carácter así puede hacer la obra de Dios. Se sienta cómoda, feliz o deprimida, trabajará. Trabajará, llueva o haya sol. Es una persona estable. Pero un carácter inestable es afectado por muchas cosas, hasta el clima. ¿Cómo podrá una persona así hacer una obra del Señor? Debemos tener un espíritu fuerte ante Dios.

Déjame preguntarte: ¿eres una persona confiable? ¿Estable? ¿Inconmovible? Te darás cuenta de que las llaves te serán dadas únicamente cuando hayas aprendido la lección que Dios quiere que aprendas. Estas llaves son para abrir las puertas del evangelio a los judíos y a los gentiles. Y la iglesia se edificará. Para edificar la casa de Dios, el Señor buscará ministros confiables, estables, antes de comenzar. Una vez que Dios tenga sus ministros útiles, se abrirán las puertas en muchos lugares. Pero si estos ministros, estos siervos de Dios, son poco confiables, débiles y vacilantes, estas puertas nunca se abrirán.

Gracias a Dios que Pedro vio su debilidad en el fracaso. Cayó terriblemente bajo. Lloró mucho y amargamente, porque finalmente comprendió su corrupción. Muchos hermanos y hermanas, como Pedro, son igualmente débiles e inconstantes. Digámosle a Dios, como seguramente hizo Pedro: "¡Señor, estoy destrozado!" ¿Acaso no hemos pedido iluminación? Comprendamos que muchas veces un terrible fracaso es en sí una iluminación, de la misma forma que una represión firme o una predicación que produce convicción de pecado. El hombre debería caer ante la Palabra de Dios. Debería someterse a la represión firme. De la misma forma, debe postrarse al enfrentar un terrible fracaso. Porque este fracaso puede traerle la luz; Dios puede mostrarle al hombre lo que realmente es.

Sabemos que cuando Pedro cayó, salió fuera y lloró amargamente (ver Mateo 26:75b y Lucas 22:62). Bajo la misericordiosa mano de Dios, se convirtió en un verdadero Pedro. De un individuo débil y vacilante, fue transformado en un hombre sólido y estable. Fue usado para abrir la puerta del evangelio a los judíos en el día de Pentecostés, y luego a los gentiles, en la casa de Cornelio (Hechos, capítulos 2 y 10). Que Dios muestre su gracia para con nosotros y también haya una transformación en nuestro carácter. Nuestro carácter debe ser cambiado y solo el Señor puede transformarlo: los perezosos se volverán diligentes; los charlatanes callarán; los que no sabían escuchar aprenderán a hacerlo; los que temían sufrir estarán dispuestos a padecer; los que no se controlaban se disciplinarán. Pero también los débiles, vacilantes e inconstantes, se volverán firmes, fuertes y estables.

8.

No debe ser subjetivo

¿Qué es la subjetividad?

La subjetividad es un grave problema entre los hijos de Dios. Especialmente en relación con los obreros de Dios, la subjetividad puede arruinar la obra.

¿Qué es la subjetividad? Es insistir en nuestra propia opinión al tiempo que nos negamos a aceptar la opinión de otros. Antes de escuchar a otra persona, ya hemos formado nuestra opinión, por lo que aun después de escuchar su opinión, seguimos insistiendo en nuestra propia idea. Esto se llama subjetividad. A una persona subjetiva le resulta difícil aceptar los pensamientos de otros, y no se corrige fácilmente. Se forma su idea desde el principio e insiste en ella hasta el final. Antes de que el Señor haya hablado, antes de que se haya revelado cualquier hecho, antes de que las personas hayan expresado sus opiniones, la persona subjetiva ya tiene su idea preconcebida. Aun después de que el Señor ha hablado, el hecho se ha revelado u otras personas han expresado sus opiniones, su idea previa sigue sin cambiar. Esto se llama subjetividad. La causa básica de esta condición es el yo no quebrantado del hombre, por lo cual mantiene un firme prejuicio que no corrige ni olvida fácilmente.

Problemas de la subjetividad

¿Cuáles son los problemas que causa la subjetividad? ¿Cuáles son los daños que produce una persona subjetiva? Un hermano o hermana que es así no sabe escuchar. Para contrarrestar esta tendencia debemos aprender a escuchar tanto a Dios como al hombre. La palabra del hombre, como la de Dios, solo pueden entrar en una mente abierta. Para la persona subjetiva, tener una mente abierta es un verdadero problema. Así que un requisito básico para hacer la obra de Dios es poder escuchar y conocer la situación de los demás. Hemos mencionado antes que la incapacidad para escuchar crea una gran dificultad para el obrero de Dios. La principal razón de esto es la subjetividad. Debido a ella, el interior de la persona está colmado de ideas indestructibles e imposibles de cambiar. Las actividades y las palabras propias ocupan por completo a la persona. Por eso, cuando un hermano o hermana deja su carga ante él, puede estar oyéndolos pero no escucharlos en absoluto. Esta es la situación en que siempre se encuentra la persona subjetiva, y es creada por ella misma.

Dispuestos a aprender

Una persona subjetiva tiene otro problema: le resulta difícil aprender algo. ¿Cómo puede aprender algo cuando ya está tan confiada, tan segura, tan decidida en todo lo que tiene en mente? Ya tiene sus ideas fijas en todos los temas. Para algunos jóvenes obreros, tratar de hacer que aprendan algo sería casi como forzar a un niño a tragar una medicina. Están tan llenos de opiniones, ideas y formas, que parece que supieran todo. Aunque no profesan ser omnipotentes, parecen ser omniscientes. Enseñarles algo es más difícil que forzarlos a tomar medicinas. Si una persona debe ser alimentada de a cucharadas, ¿cuánta comida puede consumir en toda su vida? ¿No es cierto que cuando te encuentras con un hermano así, tienes ganas de decirle: "Hermano, me pregunto cuánto vas a poder aprender en toda tu vida"? La mayor deficiencia de una persona subjetiva es su incapacidad para aprender. Cada vez que quieres ayudarlo para que lo logre, tienes que pelear como si lucharas con él. Si el obrero del Señor puede dejar a un lado su subjetividad, entonces podrá recibir ayuda rápidamente.

Ahora sabemos que las ayudas que recibimos vienen de todas partes, y también sabemos que hay muchas cosas que necesitamos aprender. Pero ¿cuánto recibimos si solo aprendemos una cosa por mes, o en seis meses, o en un año entero? Además, una persona subjetiva tiende a volverse más subjetiva y cada vez menos capaz de aprender a medida que pasan los años. Realmente, ¡qué terrible plaga es la subjetividad para la iglesia!

Aunque el camino por el que ande un obrero del Señor debe ser derecho y estable, sus ideas y puntos de vista no deberían ser tan rígidos e inamovibles, que tenga poca oportunidad de aprender y le sean de muy poca utilidad en su vida. Debemos ser estables en carácter, pero al mismo tiempo no debemos ser subjetivos en nuestra mente. Los hijos de Dios deben aprender a no ser así, para que el Señor pueda conmoverlos fácilmente. La forma de juzgar si alguien es subjetivo o no, es observar si aprende, y si lo hace, con cuánta rapidez. ¿Puede aprender cosas espirituales muchas veces y todo el tiempo? Lo que obstruye la capacidad de aprender es la subjetividad.

Para avanzar en las cosas espirituales debemos estar abiertos ante Dios, tanto nuestro espíritu, como nuestra mente y nuestro corazón. Estar abierto significa no ser subjetivo. Es cierto que tener el espíritu abierto ante Dios es algo más profundo que no ser subjetivo. No obstante, el primer paso, el esencial, es no ser subjetivos. Mientras lo seamos, la puerta de la revelación estará cerrada. No ser subjetivo indica que somos tiernos y aceptamos las enseñanzas, y podemos ser impresionados. Muchos, sin embargo, no pueden ser impresionados. Para que ellos reciban alguna impresión, Dios debe usar un látigo, una vara o hasta un martillo para golpearlos. Debemos aprender la lección de que solo baste un movimiento de los ojos de Dios para que comprendamos. Pero muchas personas son como caballos: a menos que les pongan bocado y bridas, o que se use el látigo, no comprenden. Esto se llama subjetividad.

Dios puede luchar con una persona subjetiva, llevarla al límite, y permitir que se golpee mucho, pero durante todo el tiempo la persona estará luchando y no se rendirá rápidamente para aprender la necesaria lección. Oh, cuántos hijos de Dios no son mansos y humildes delante de Él. En cambio, son duros y obstinados. Estos tendrán grandes dificultades en la obra de Dios, porque aprenden poco y, por lo tanto, contribuyen poco. Es una gran pérdida.

Hacer la voluntad de Dios

Una persona subjetiva tiene otro problema: es incapaz de lograr la guía del Señor. No puede llegar a la voluntad de Dios, ni de seguir su guía. Los que son subjetivos no pueden conocer la voluntad divina, porque para recibir su orientación debemos ser mansos y aceptar las enseñanzas, cualidades que la persona subjetiva no posee. Pero tan pronto como una persona que acepta las enseñanzas escucha la voz de Dios, inmediatamente obedece. Ya no es más subjetivo.

El corazón de Balaam se inclinaba hacia las riquezas, y por ello concibió una idea preferida. Estaba decidido a ir al lugar que él quería para la cita, no al que Dios quería; por lo tanto, oró una y otra vez hasta que Dios le dejó ir. No es fácil para alguien que ya está determinado conocer la voluntad del Señor. Debemos aprender a caminar en la voluntad del Señor. Sabemos que en ese camino, algunas veces deberemos detenernos repentinamente y algunas veces debemos partir enseguida. ¿Qué harías si estuvieras listo para moverte y el Señor quisiera que te detuvieras? Si el Espíritu del Señor no te permite ir, ¿puedes parar? Una persona subjetiva, no. Pero quien ha aprendido a escuchar a Dios no es subjetivo. Ha aprendido a escuchar su palabra de tal forma que puede salir o detenerse a la orden de Dios.

No creas que estas palabras son demasiado elementales. Por favor, ten en cuenta que a una persona subjetiva le resulta difícil comenzar a moverse en respuesta a una orden de Dios, y si ha comenzado a moverse, quizá no se detenga aunque Dios se lo indique. Este es el problema. Se necesita mucha energía para mover a una persona subjetiva, y una vez que se mueve, no puedes detenerla. Esto no sucede con la persona que ha aprendido. Es tan flexible en las manos de Dios que puede ser movida o detenida con solo una orden. Esta persona acepta la guía de Dios. Otros deben ser duramente castigados por el Señor para que se muevan, y cuando lo hacen, nadie puede detenerlos. Necesitan que Dios nuevamente los trate con dureza para detenerse. Su subjetividad les hace difícil conocer y realizar la voluntad divina.

La ofrenda de Isaac por parte de Abraham presenta una excelente ilustración de una actitud no subjetiva. Dios llamó a Abraham para que ofreciera a su hijo. Si esta demanda fuera hecha a una persona subjetiva, no sería fácilmente realizada, si lo fuera; porque una persona así tendría muchas cosas que argumentar: podría haber dicho que no había tenido ocasión de dar su opinión y que no había pensado tener un hijo, que había estado bastante satisfecho con tener su mayordomo Eliezer de Damasco, "nacido en mi casa" (ver Génesis 15:2-3), pero que Dios le había dado su hijo Isaac; ni a él ni a Sara se les había ocurrido, había sido el Señor quien hizo esto; ¿cómo, entonces, podía el Señor, que había hecho todo esto, pedirle ahora a él que ofreciera a su hijo Isaac como ofrenda quemada? Vemos que una persona subjetiva podría haber tenido verdaderamente muchas razones para negarse a una demanda semejante.

Pero Abraham era simple como un niño. No vio dificultad alguna en la orden del Señor. Creyó que Dios podía levantar a su hijo de los muertos. Cuando estaba listo para levantar el cuchillo y degollar a su hijo Isaac sobre el altar, Dios le proveyó un carnero como sustituto (ver Génesis 22:10, 13). Si Abraham hubiera sido un hombre subjetivo, todo esto que Dios había hecho y le estaba pidiendo ahora, hubiera sido un problema para él. Un Abraham subjetivo habría estado perplejo por las palabras aparentemente contradictorias de Dios. Pero el Abraham de la Biblia, no. No era subjetivo en absoluto. A algunos les puede resultar difícil ser puestos sobre el altar; pero de todas formas, una vez que están allí, les resulta difícil salir de él. Podría llevarles muchos años llegar allí; pero entonces, vivos o muertos, pueden negarse a bajar. En el área de la obediencia, la persona subjetiva sigue su propia idea. Ni siquiera puede detenerse cuando Dios le dice que se detenga. No obedecerá hasta que no sienta que está contra la pared, y su obediencia es según sus propias fuerzas. Una vez que da un paso, no puede echarse atrás ni siquiera por orden de Dios.

¿Cómo se domestica a un caballo salvaje para que alguien pueda montarlo? Es bastante difícil domar un animal así. Para esto se necesita un buen jinete que pueda saltar por la grupa y montarlo. Hay que dejar que el caballo corra y luche hasta que esté totalmente exhausto. Entonces puedes controlarlo. El buen jinete tiene la habilidad de mantenerse arriba del caballo y no caer. Deja correr al animal hasta que finalmente este se da cuenta de que no puede hacer otra cosa que no sea obedecer. Este jinete puede domar a un caballo salvaje hasta que llegue a realizar un círculo perfecto. El procedimiento es el siguiente: se planta una estaca en el centro de un pequeño círculo, y se ata el caballo a la estaca con una soga. Si el caballo corre en un círculo más amplio, la cuerda se rompe; si corre en un círculo más estrecho, la cuerda ya no está tensa. Un caballo entrenado puede trotar cientos de veces alrededor de la estaca manteniendo un mismo radio todo el tiempo. Y cuando logra hacerlo, el entrenamiento ha terminado y a partir de entonces una persona puede montar al caballo y hacerlo pasar por una abertura grande o pequeña, como quiera. El animal no se atreve a desobedecer al jinete.

Es realmente una dura tarea para el Señor entrenarnos como uno de esos caballos salvajes, ¿no es cierto? Debe pasar largas horas para someternos. Y lo que un caballo salvaje pierde luego de ser entrenado por su amo, es lo mismo que nosotros perdemos luego de ser entrenados por nuestro Amo: la subjetividad. Y el caballo queda tan entrenado que ahora puede sentir el más leve movimiento de quien lo monta. De allí en más se moverá como le ordenen. Dios quiere un resultado similar con nosotros.

"Te haré entender, y te enseñaré el camino en que debes andar; sobre ti fijaré mis ojos. No seáis como el caballo, o como el mulo, sin entendimiento, que han de ser sujetados con cabestro y con freno, porque si no, no se acercan a ti" (Salmo 32:8-9). Qué significativas son estas palabras. Dado nuestro lugar de privilegio en la creación de Dios, los humanos deberíamos ser mucho mejores que un caballo o una mula. Estos, que no tienen entendimiento, pueden ser entrenados para seguir precisamente los deseos de su jinete. Cuánto

más rápidamente deberíamos los hijos de Dios seguir los deseos y la guía del Señor. Un caballo entrenado sigue sin tener entendimiento, porque le hace falta un bocado o un movimiento de las riendas para saber qué es lo que quiere hacer su dueño. Nosotros, en cambio, podemos mirar a los ojos del Señor, algo que un caballo falto de entendimiento no puede hacer. El salmo de David dice: *"Sobre ti fijaré mis ojos"*. Cuando los ojos del Señor se mueven, los que somos sensibles y no subjetivos lo sabemos inmediatamente. Aun antes de que se mueva su mano, sus ojos se han movido, y los que recibimos sus enseñanzas lo hemos notado. El énfasis, aquí, está en los ojos del Señor, no en sus manos. ¡Qué pocas esperanzas tienen los que son subjetivos!

Nunca pensemos que la naturaleza y la constitución del hombre no tienen importancia en su vida espiritual. Si eres subjetivo en tu forma de vivir, no puedes ser objetivo para con Dios; y así no podrás conocer su voluntad rápidamente. Podemos estar satisfechos con ser simplemente un caballo o una mula, pero Dios no está satisfecho con eso en lo más mínimo. Él trabajará hasta que vayamos donde sus ojos están mirando. Estaremos conscientes de su voluntad para movernos y para detenernos. Pero si una persona tiene sus propias ideas y opiniones, es tan subjetivo que le es imposible esperar que el Espíritu de Dios le indique que se mueva o se detenga. Muchas veces el Señor quiere que te detengas, pero no puedes hacerlo porque te has introducido tú mismo en la voluntad de Dios. Quien busca la voluntad de Dios debe hacerse a un lado; y el que hace la voluntad del Señor también debe ponerse a un costado. Entonces podrá moverse o detenerse bajo las órdenes del Señor. Si no es así, si es subjetivo, seguirá a su propio yo.

Por ello, muchos de los hijos de Dios tienen este doble problema: cuando recién se manifiesta la voluntad de Dios, no pueden comenzar a moverse; pero una vez que están moviéndose según esa voluntad, no pueden detenerse. La mayor dificultad estriba en nuestra subjetividad; no es fácil que la voluntad de Dios se manifieste en nuestras vidas.

Conocer la voluntad divina no es asunto de métodos sino de la persona. Nadie puede conocer la voluntad de Dios conociendo simplemente el método. Solo la persona correcta, utilizando el método correcto, lo sabrá. Una persona equivocada, con el método correcto, nunca lo sabrá. Por lo tanto, el conocimiento de la voluntad de Dios depende de la clase de persona más que de la clase de método. No debemos interpretar esto como que no hay ningún método para conocer la voluntad de Dios. Simplemente enfatizamos que la persona es definitivamente importante en el conocimiento de la voluntad divina. Una persona puede aprender todos los métodos, pero seguir ignorando la voluntad de Dios simplemente porque no es la persona que debe ser. La subjetividad debe ser quebrantada por el Señor, de forma que la persona quede sin ideas y opiniones preconcebidas. Y así, tan pronto como el Señor comience a moverse, responderá inmediatamente. Pero si no es lo suficientemente flexible como para moverse y detenerse a las órdenes del Señor, no conocerá su voluntad ni podrá ser su siervo. Un siervo del Señor verdaderamente fiel y obediente, puede ser cambiado de posición por Él en cualquier circunstancia. No importa cuán severa pueda ser la demanda exterior, no le preocupa. Así que un requisito básico que el Señor busca en un obrero, es que pueda guiarlo sin esfuerzo.

Sumisos al Señor

Debemos mencionar otro punto más sobre este asunto. Solo la persona a la que Dios le ha solucionado el problema de su subjetividad puede tratar con otras personas. Así será guiado por el Señor para ayudar a otros a seguir la voluntad de Dios. El Señor no puede confiar, y no confiará, en una persona subjetiva, simplemente porque esta persona no hace la voluntad de Dios para su vida. Porque si participara en la tarea de edificar a los hermanos y hermanas, los guiaría con una parte de la voluntad de Dios y nueve partes de la suya propia. Alguien que es subjetivo quiere que los demás lo escuchen a él, no al Señor. A menos que llegue al punto en que no tenga más deseos de que los demás lo escuchen, no podrá ser un siervo útil para el Altísimo. Cuánto necesitamos ser quebrantados por Dios para que nunca tratemos de hacer que alguien escuche nuestras palabras. Entonces no interferiremos en los asuntos de otras personas. No nos meteremos en sus vidas ni con sus puntos de vista. No tendremos intenciones de forzar los problemas de los demás. Quien sirve a Dios debe llegar a este punto antes de poder ser usado por Él y poder representar su autoridad y poder hablar por Él. De otra manera, habrá serias consecuencias, ya que a pesar del hecho de que la autoridad de Dios descansa en él, él seguirá sus propias ideas. Se convertirá en el gobernante, o maestro o padre de los hijos de Dios. *"Sabéis que los gobernantes de las naciones se enseñorean de ellas, y los que son grandes ejercen sobre ellas potestad. Mas entre vosotros no será así"* (Mateo 20:25-26). ¿Cómo podrá usar Dios a alguien que no está quebrantado, o que está lleno de sus propios deseos secretos? Es totalmente indigno de confianza. Si el Señor le confiara sus ovejas, se las llevaría a su casa. Una persona así subjetiva está fija en su propio camino y, por lo tanto, no puede guiar a otros a Dios.

Nuestro hermano Pablo era muy flexible. Era célibe, y se daba cuenta de que delante de Dios era mejor quedarse soltero que estar casado; pero nunca despreció el matrimonio.

Veamos cuán disciplinado era nuestro hermano Pablo, en comparación con una persona cuya subjetividad nunca ha sido quebrantada. Si esta persona estuviera en el lugar de Pablo, persuadiría y trataría de convencer o quizá trataría de obligar a todos los hermanos y hermanas a ser célibes como él, ¡y quizás hasta denunciaría a todos los casados como malignos! Una persona muy subjetiva podría fácilmente hacer algo así. Pero aquí vemos a un hombre muy diferente. Pablo podía mantenerse firme en su corazón y conocer el valor de su celibato, pero al mismo tiempo podía darles a los demás la libertad de caminar en otra forma. Él deseaba que otros no tuvieran que sufrir la tribulación en la carne que trae el matrimonio; pero aprobaba que las personas se casaran (ver 1 Corintios 7:8,9, 28).

Era un hombre fuerte delante de Dios, pero al mismo tiem-po compasivo; tanto, que luego, cuando algunos prohibían casarse, él condenó esta doctrina llamándola doctrina de demonios (ver 1 Timoteo 4:1,3a).

Todos necesitamos aprender a afirmarnos en este terreno en el que Pablo había aprendido a afirmarse. No debemos llevar demasiado lejos una verdad o, por el contrario, quedarnos callados, (por lo que sentimos) sobre una verdad que debe ser presentada o defendida. Dado que lo que sentimos no determina la verdad de Dios, podemos guiar a las personas para que sigan al Señor. El requisito fundamental es que nuestra subjetividad sea completamente quebrantada por el Señor. Si somos muy subjetivos, y actuamos y hablamos según lo que nosotros sentimos, no será difícil imaginar cuáles serán las consecuencias para la obra que el Señor nos ha confiado. Serán terribles. En cambio, debemos aprender a no controlar a las personas, no interferir con otros tratando de incluir nuestra propia subjetividad, ni violar su libre albedrío.

Dios plantó el árbol del conocimiento del bien y del mal en el jardín del Edén, y luego dijo: "No comerás de él"; pero en ese momento no lo rodeó de una espada de fuego para mantener lejos al hombre. Si lo hubiera hecho, el hombre nunca habría tenido la libertad de pecar si lo deseaba. Dios podía fácilmente haber hecho esto, pero no lo hizo. En cambio, le advirtió al hombre: *"De todo árbol del huerto podrás comer; mas del árbol de la ciencia del bien y del mal no comerás; porque el día que de él comieres, ciertamente morirás"* (Génesis 2:16,17). Le dejó al hombre la opción de comer o no del árbol.

Como el Dios todopoderoso (que fácilmente podría haber obligado al hombre), debemos aprender a no forzar nuestras ideas y opiniones sobre otras personas. Cuando nuestras palabras no son aceptadas, debemos retirarlas en vez de insistir en ellas. Si tienes una carga delante de Dios, debes presentarla a tus hermanos y hermanas. Si te escuchan, bien; si no, déjalo. Nunca trates de obligarlos a aceptar tu idea. Porque, ya que Dios nunca lo ha hecho, nosotros tampoco debemos hacerlo. Si los demás quieren rebelarse, déjalos. Si no desean escuchar, ¿por qué obligarlos a hacerlo? Debes aprender a no forzar a las personas y a aprender a darles la libertad de no escucharte. Si has aprendido en verdad esta lección, cederás naturalmente.

Por eso, no obligamos a las personas a escucharnos ni a aceptar nuestras ideas. Ni siquiera los obligamos a que acepten nuestra ayuda. Aunque sabemos de nuestro ministerio, no los forzaremos a aceptar nuestra ayuda. Dios nunca obliga a nadie, y tampoco nosotros.

No debe haber subjetividad en la obra de Dios. Nunca trates de hacer que todos te escuchen. Aprende a ser cuidadoso ante el Señor. Cuanta más gente te escuche, mayor es tu responsabilidad. Y tu responsabilidad aumentará más aún si hablas equivocadamente y te escuchan. Si las personas están dispuestas a escucharte, y tu camino no es recto, y tu entendimiento de la voluntad de Dios no es claro, será como un ciego que guía a otro ciego... ¡y ambos caerán en el pozo! No creas que solo tu seguidor caerá, y que tú, como líder, puedes salvarte. No puedes hablar y enseñar a la ligera, porque tú, así como los que te sigan, caerán en el pozo. Aprende, por tanto, a temer al Señor. Toma conciencia de que cuanta más personas te escuchen, más debes hablar la palabra de Dios con temor y temblor. Si estás un 120 por ciento seguro delante de Dios, habla solo el 70 ó el 80 por ciento, no sea que puedas equivocarte. Cuanto más fácilmente hables palabras duras, menos peso tendrás delante de Dios. Cuanta más confianza tengas en ti mismo, menos confiable serás.

Nunca creas que es muy bueno que las personas te escuchen. Porque, ¿qué harás con ellas si te escuchan? ¿Adónde las llevarás? Debes comprender el peso de tu responsabilidad y aprender a no ser subjetivo. El problema de la subjetividad radica en que tú quieres que la gente te escuche. Puedes gozarte en hacer que tu idea y tu opinión sean la dirección y la luz para otras personas. Reconoce definitivamente que tu idea no debe ser la dirección que otros sigan, ni tu opinión la luz para ellos. Aprende humildemente a no llevar a la fuerza a la gente hacia tu camino, ni a presionarlos para que te sigan, ni siquiera para que obedezcan al Señor. Si los hermanos y hermanas desean caminar contigo, gracias a Dios. Pero cuando quieran elegir su propio camino, déjalos hacerlo. No debemos pensar en retenerlos para que nos sigan. Déjalos venir e irse cuando quieran. Una verdadera característica del hombre que conoce a Dios, es que no desea forzar a las personas a que lo escuchen o lo sigan.

Una persona subjetiva, sin embargo, no es así. No puede escuchar a otras personas, ni puede recibir la guía de Dios. No ha aprendido nada, y el Señor no puede confiarle su obra. Si ya está todo decidido, ¿cómo buscará alguien la decisión de Dios? Solo los de corazón tierno, que aceptan la enseñanza, conocen la decisión de Dios. Es necesario que nos postremos para saber dónde está la voluntad de Dios. Si la obra de Dios se le da a una persona subjetiva que no ha aprendido a dejar de lado su propia opinión, manera de actuar, idea o doctrina, la iglesia se dividirá. La división en sectas está basada en la subjetividad humana. Muchos pueden hacer sus propias obras, pero no la de Dios. Conocen el ministerio personal, pero no el ministerio del cuerpo. Nunca han conocido la autoridad; por lo tanto, no se les puede delegar autoridad. ¡Oh, cuántos hay, que desde el comienzo de su servicio hasta el momento presente nunca se han sometido a nadie! Naturalmente, no pueden ser puestos por Dios para representar la autoridad.

Aquí hay algo que debemos controlar cuidadosamente. Cuando un joven hermano o una joven hermana comienza a servir, plantéale una prueba. Una persona subjetiva siempre prefiere ser su propio jefe, así como ser jefe de otros. Naturalmente impondrá su propia idea sobre los demás. Pero alguien a quien Dios ha cambiado tendrá una característica especial. No será infiel ni se quedará callado; será fiel y hablará, pero nunca tratará de forzar a las personas para que acepten sus pensamientos. Por una parte, es estable ante Dios, por la otra no es subjetivo. Todos tienen la libertad de obedecer o desobedecer a Dios. No podemos obligar a nadie a hacer nada. Cada persona tiene su propia responsabilidad ante Dios y, por tanto, debemos aprender a darles a los demás la oportunidad de elegir. Seamos bondadosos y flexibles; permitamos siempre que elijan por sí mismos.

Simplemente, pongamos ante ellos el camino para que puedan elegir. Preguntemos siempre: "¿Cuál elegirás?" Son ellos los que deben elegir el camino correcto. Aprendamos que nunca debemos elegir por los demás.

Influenciar pero no controlar

La subjetividad de una persona puede detectarse en las cosas más pequeñas, porque es un hábito natural. Si has aprendido la lección fundamental de que tu subjetividad sea quebrantada, podrás discernirlo fácilmente en muchas áreas de tu vida. Una persona subjetiva es subjetiva en todas las cosas. Le gusta controlar a las personas; se complace en dar su opinión aunque no sea necesario; le hace feliz dar órdenes. Sabe qué hacer en cada situación y cada circunstancia. Cuando un joven sale a servir al Señor, ponlo con otras personas y pronto verás si es o no subjetivo. Si está solo en un lugar, no podrás saberlo. Pero cuando dos personas están juntas, podrás darte cuenta enseguida de que la persona subjetiva tratará de dominar a la otra. Insistirá en comer ciertas cosas, vestirse de determinada forma y dormir en cierto horario. Es omnipotente y omnisciente. Pon a dos hermanas en un cuarto, y sabrás cuál, si la hay, es subjetiva. Pon dos personas subjetivas juntas, y terminarán en un callejón sin salida. Una persona así puede vivir sola pacíficamente, pero dos, no.

Esto no significa, naturalmente, que de aquí en adelante no podemos decir nada. Cuando hay una dificultad en la obra o un problema con las personas, no podemos ser desleales y mantenernos apartados. Lo que queremos decir es que después de haber hablado, no los forzaremos a que hagan lo que hemos dicho. Si no nos escuchan, no nos sentiremos heridos. Las opiniones de algunas personas son tan preciosas y valiosas para ellas, que se sienten heridas si no las escuchan. Esto es lo que sienten las personas subjetivas. Pero, como somos leales, debemos hablar. Pero el hecho de hablar no debe interpretarse como que la persona que lo hace es entrometida o charlatana. Pero es incorrecto que los que son subjetivos hablen antes de aprender. Algunos tienen el hábito de hablar siempre, o enseñar en cualquier ocasión. Esto indica claramente que son subjetivos. Si este temperamento no es quebrantado, no son aptos para trabajar para Dios.

Una persona subjetiva no es necesariamente una persona leal. Quien es leal habla únicamente cuando es necesario y no porque le gusta hablar o tiene pasión por hacerlo. Habla para rescatar a las personas del error. Si la rechazan, no se aflige, ya que puede permanecer tranquila. La persona subjetiva no puede, ya que como le apasiona hablar en toda oportunidad, se siente intranquila si no habla. ¿Alguna vez notaste que la persona subjetiva habla porque le gusta hablar? Le gusta imponer su opinión sobre la gente. Su idea se transforma en un yugo para los demás. Quiere que la escuchen. Se llena de ira si ignoran su opinión.

Una persona subjetiva y una persona leal son totalmente distintas. Nosotros debemos ser fieles. Muchas veces no es correcto que nos quedemos en silencio. Sin embargo, debemos distinguir entre la lealtad y la subjetividad. La persona subjetiva disfruta entrometiéndose en los asuntos ajenos. Quiere que la escuchen. Trata de controlar a los demás. Su forma de hacer las cosas es siempre la primera y la mejor. Su forma de actuar es la mejor; por lo tanto, todos deben seguirla. No puede tolerar diferencias. Dejemos en claro que la persona más insignificante del mundo es la persona subjetiva. Solo después de que Dios ha borrado esa subjetividad, el hombre puede ser realmente un gran hombre, capaz de tolerar las diferencias. La subjetividad es uniformidad;

no puede soportar las diferencias. Es por eso que no hay paz cuando dos personas subjetivas son puestas en un mismo cuarto. Cada una tiene su propia idea, así que el ambiente pronto se llena de luchas. Cada una siente que está llevando la cruz de la otra.

Ten en cuenta que la persona subjetiva tiende a tomar las cosas en sus manos y a imponerse como líder del pueblo de Dios. Decide todo por ellos. Tiene el hábito de meterse en los asuntos más insignificantes, y le gusta controlar todo. Debido a esta falla básica, Dios no puede confiarse a tales personas. Jamás lo hemos visto hacerlo con personas a las que no puede usar. Tampoco hemos visto a ninguna persona subjetiva andar profundamente en los caminos del Señor, simplemente porque su temperamento no acepta las enseñanzas.

La persona subjetiva tiene opiniones muy rígidas y siempre está entrometiéndose en los asuntos de los demás, y esto constituye una gran dificultad en la obra del Señor. No puede aprender, por lo que Dios no puede confiar en ella. Pone toda su energía en su estilo de vida subjetivo, de modo que no le queda energía para gastar en la obra de Dios. Cuando una persona se entromete en los asuntos de los demás, descuida los suyos. Trata de guardar la viña de los otros pero olvida la suya propia.

Reconozcamos el hecho de que realmente no tenemos tiempo que perder en ser subjetivos. Dios ha puesto en nuestras manos suficientes ministerios, responsabilidades y preocupaciones para atender como para que tengamos tiempo de ser entrometidos. Debemos concentrar nuestras fuerzas y nuestro tiempo en realizar lo que debemos terminar. Ya estamos bastante ocupados. A menos que dejemos de lado la obra de Dios y nuestra propia responsabilidad, no tendremos tiempo que perder en los asuntos insignificantes de otros. Está claro que todos los que son subjetivos dejan sus propios asuntos sin solucionar, por entrometerse en los de los demás. ¿Cómo podemos esperar que una persona así trabaje bien para el Señor, si descuida su propia tarea? Una persona subjetiva jamás puede funcionar bien en la obra del Señor. El Señor no puede encomendarle nada, porque falla en todo lo que se le confía.

Es difícil cambiar la propia subjetividad, porque se trata de un hábito ya formado y profundamente enraizado. En la vida diaria, como hemos visto, es subjetivo en todo y en todo momento. No solo es así en la obra de Dios, sino que también lo es en sus asuntos diarios y en los de los demás. Un hombre subjetivo es realmente la persona más ocupada del mundo, ya que se siente obligado a ocuparse de todo. No puede andar por el camino recto de Dios. En todos los temas, sean grandes o pequeños, tiene su propia opinión, su propia idea, su propia manera de hacerlo. Esto se transforma en un obstáculo para la espiritualidad. Debemos pedirle al Señor: "Oh, Señor, concédenos la gracia de que seamos de corazón tierno y no rígidos delante de ti y de nuestros hermanos y hermanas."

Veamos una vez más qué dice Pablo. *"Porque a la verdad, dicen, las cartas son duras y fuertes"* (2 Corintios 10:10a). Verdaderamente, cuando él hablaba del testimonio delante de Dios, sus palabras eran duras y fuertes. Pero veamos cómo era visto por los corintios: *"Mas la presencia corporal débil, y la palabra menospreciable"* (10:10b). Pablo no se daba descanso en lo que se refiriera al testimonio, por lo que sus cartas eran duras y fuertes. Pero cuando se encontraba con los corintios, ellos lo consideraban una persona tierna y flexible. Debemos distinguir entre nuestro ministerio, que debe ser duro y fuerte, y nuestra personalidad, que no debe ser subjetiva. Algunos predican a Cristo por buena voluntad.

Agradezcámosle a Dios por eso. Pero algunos predican a Cristo por envidia y contienda. Agradezcámosle también a Dios. Porque sea de una manera u otra, Cristo es proclamado; y por eso nos regocijaremos, como Pablo (ver Filipenses 1:15-18).

¿Vemos el equilibrio? Le daremos gracias a Dios si las personas, por buena voluntad, quieren caminar con nosotros; pero no nos afligiremos si ellos prefieren ir por otro camino. Mantengamos el equilibrio: leales en el testimonio y no subjetivos en la vida. La persona leal no es subjetiva; pero la persona subjetiva no puede ser leal. Las dos se distinguen claramente.

Para resumir, entonces, la subjetividad no es nada más que la manifestación de un yo no quebrantado. Debemos pedirle al Señor que nos quebrante de tal forma que no seamos subjetivos en los asuntos de los demás, como tampoco en los nuestros. Una vez que el Señor nos haya quebrantado, seremos tiernos y flexibles. Si nos falta esta experiencia del quebrantamiento, siempre seremos más o menos subjetivos. Algunos pueden ser marcadamente subjetivos; otros, menos; sin embargo, en relación con los demás, siempre habrá, en un grado mayor o menor, opiniones impuestas, métodos coercitivos e intentos de controlar.

Que el Señor trabaje en nosotros tan definitivamente que no podamos volver a afirmarnos sobre nuestro propio terreno. Y una vez que esto suceda, que podamos ser leales en el testimonio y darles a las personas la posibilidad de elegir escucharnos o no. Dejaremos de hablar en toda ocasión; dejaremos de ser maestros para tantas personas; jamás forzaremos a otros a seguirnos. Seamos fuertes en el ministerio, pero aprendamos constantemente a ser tiernos en nuestra vida. En resumen, no debemos ser subjetivos.

9

Una actitud correcta hacia el dinero

¿Cuál debe ser la actitud del obrero de Dios hacia el tema del dinero? Esta también es una cualidad importante del carácter correcto, ya que no puede servir si no aprueba este examen. Un obrero tiene muchas oportunidades de entrar en contacto con el dinero. ¿Qué podrá hacer si falla en esto?

El concepto fundamental de un cristiano con respecto del dinero es que Mamón (el ídolo del dinero y la riqueza) es opuesto a Dios. Por lo tanto, debe ser rechazado por los hijos de Dios. No debemos caer bajo la influencia que este ídolo representa. Ningún obrero que no haya sido librado del poder de Mamón puede ayudar o rescatar a otros hermanos o hermanas que estén bajo su influencia. Si nosotros mismos somos controlados y atados por Mamón, ¿cómo podremos liberar a otros? Esto es absolutamente imposible. Un obrero debería odiar la influencia de Mamón, de la misma forma que debería aborrecer la pereza. Si no lo hace, no será útil para el reino de Dios. El dinero o la riqueza es verdaderamente un gran problema. Mencionemos algunos detalles sobre el dinero.

Amor al dinero, raíz de todos los males

Primero, la relación entre el amor al dinero y la verdad. Conocemos el carácter de Balaam en el Antiguo Testamento (ver Números 22-24). Su forma de ser y sus enseñanzas se mencionan varias veces en el Nuevo Testamento. Las encontramos en una epístola de Pedro, en la epístola de Judas y también en el libro de Apocalipsis. Esta frecuencia muestra la gran atención que Dios le presta a la vida de Balaam y sus trampas. Balaam era un profeta que buscaba su provecho. En otras palabras, su ministerio profético estaba a la venta.

Pero esto no era porque él no conociera su posición, porque sí la conocía; tampoco porque no conociera la voluntad de Dios, porque sin duda también la conocía. Cuando se le pidió por primera vez que maldijera al pueblo de Dios, inmediatamente Dios le hizo saber que no podía maldecirlos, porque los hijos de Israel eran bendecidos por Dios. Pero a Balaam lo tentaba la recompensa que Balac le había prometido darle, y por eso, a pesar de todo, le pidió a Dios nuevamente permiso para poder ir donde Balac lo llamaba. Finalmente, Dios le permitió que fuera.

Muchos cometen un error fundamental al llamar a esto "esperar en el Señor". El hecho era que si Balac no le hubiera prometido esa recompensa (y para el profeta, la promesa de Balac de honrarlo mucho incluía "su casa llena de plata y oro"; ver Números 22:17-18), Balaam no le habría preguntado otra vez a Dios, ya que comprendía claramente que hacer lo que Balac le pedía y maldecir a los israelitas no era, absolutamente, la voluntad del Señor; Dios quería bendecirlos en vez de maldecirlos. Pero escuchando las promesas de Balac, le pidió permiso una vez más al Señor. Cuando Dios finalmente le dijo: "Vé", este permiso no representaba su voluntad en lo más mínimo; era simplemente que Dios estaba dejando a Balaam hacer lo que él quería. Desde el punto de vista divino, Dios le permitió ir a Balaam porque él conoce los corazones de todos los hombres y sabía que detrás de las muchas "oraciones" de Balaam estaba la influencia de la recompensa prometida por Balac. Balaam era un verdadero profeta, pero estaba bajo la influencia del amor al dinero; y por eso se equivocó.

Una persona que no ha sido liberada del poder del dinero irá invariablemente donde esté el dinero. Buscará naturalmente el lugar donde se encuentre. En resumen, el dinero se convierte en su guía. No irá a un lugar pobre, y si va, se retirará enseguida. Tenderá más naturalmente a ir a lugares de abundancia. Sus pasos están bajo la influencia de la existencia de dinero, aunque él interprete que es la guía de Dios. El dinero es lo que más llama su atención. La búsqueda de beneficios y el amor por el dinero hicieron que Balaam molestara a Dios pidiéndole permiso para ir hacia donde estaba el dinero. Hace aproximadamente diez años, un anciano hermano en el Señor se lamentaba por esta misma situación, diciendo: "¡Tantos siervos del Señor sirven por dinero! Tantos pobres no reciben cuidados, mientras que los lugares lujosos son visitados por muchos obreros. ¿No indica esto algún problema en la orientación?" Estas son palabras muy duras.

No es sorprendente que un hermano que no ha resuelto el tema del dinero en su vida siga el camino de Balaam. Su camino es dirigido por el dinero y por cuánto es el sostén. Si un lugar es pobre, o se mantendrá apartado o se irá rápidamente luego de una corta visita. Pero si en ese lugar recibe mucho dinero, lo visitará frecuentemente o hasta se irá a vivir allí. Dado que el dinero se ha convertido en su guía, Dios no puede hacer nada más que dejarlo ir, así como dejó a Balaam hace tanto tiempo. Un obrero que no es independiente del dinero es inútil; no puede ser un ministro de Dios, porque seguramente seguirá el camino de Balaam. ¿Y cuál es ese camino? Es el camino que siguen los que son guiados y están bajo la influencia de Mamón. Que Dios nos conceda la gracia de que todos nosotros salgamos fuera de esa influencia, que ninguno de nosotros nos convirtamos en "huéspedes", permitiendo que el lugar donde servimos se convierta en nuestro lugar de residencia, porque estamos controlados por el dinero.

¡Qué triste y qué vergonzoso es que un siervo de Dios sea guiado y controlado por Mamón! Es verdaderamente vergonzoso que en vez de buscar la guía de Dios permitamos que el dinero dirija nuestros pasos. A menos que seamos liberados totalmente del amor al dinero, nos hallaremos atados a él cuando busquemos una guía. Hasta mencionar ante Dios el tema del dinero en relación con su guía necesaria, es en sí mismo superfluo y verdaderamente odioso. Si el Dios en quien creemos está vivo, podemos ir a cualquier parte. Si no está vivo, será mejor que abandonemos todo. ¡Qué vergüenza es que proclamemos un Dios vivo y al mismo tiempo nuestro camino sea gobernado por Mamón!

En el Nuevo Testamento, Pedro, como hemos indicado, menciona el camino de Balaam. En su segunda carta nos muestra cuál es el camino de Balaam. En el versículo inmediato anterior a aquel en el que habla de Balaam, Pedro escribe en su segunda carta: *"Tienen los ojos llenos de adulterio, no se sacian de pecar, seducen a las almas inconstantes, tienen el corazón habituado a la codicia, y son hijos de maldición"* (2:14). El énfasis aquí está en el hábito (*"el corazón habituado"*) y el centro del problema es, por supuesto, la codicia en el corazón. La codicia crea hábito. Después de comportarse codiciosamente algunas veces, se hace un hábito codiciar. *"Han dejado el camino recto, y se han extraviado siguiendo el camino de Balaam hijo de Beor, el cual amó el premio de la maldad"* (v. 15). ¿Qué hace una persona que habitualmente es codiciosa? Deja el camino recto y sigue el camino de Balaam.

Pero Dios tiene su camino marcado. ¿Por dónde debemos andar? Algunos han dejado el camino recto y han seguido el de Balaam. Balaam fue un profeta que amó el premio de la maldad. Su camino fue vender el ministerio de profeta. El evangelio no está a la venta, y el ministerio profético tampoco. Aquí vemos a un hombre que estaba dispuesto a vender su ministerio profético por un beneficio. Se había apartado porque su corazón estaba habituado a la codicia; por lo tanto, siguió el camino errado tan pronto como fue tentado. Su respuesta al llamado de Balac no fue la primera vez que actuaba codiciosamente, porque su corazón ya estaba habituado a la codicia.

¿Podemos ver cuál es el énfasis aquí? Es una cuestión de hábito del corazón. Por eso fue que tan pronto como Balac le prometió honrarle mucho, en términos de "plata y oro" (ver Números 22:17, 18, 37b; 24:11, 13), Balaam dejó el camino recto. Todo esto demuestra que a menos que se destierre y se quite por completo la influencia de Mamón, lo que hará es tentar a la persona para que siga su camino. Para poder caminar derecho y por el camino recto, debemos rechazar de plano a Mamón. Si no lo hacemos, nos apartaremos, a pesar de que aparentemente estemos orando y esperando en Dios. Balaam también oraba, esperaba y buscaba a Dios; pero siguió el camino equivocado. Ten en cuenta que si el dinero sigue teniendo un lugar en tu corazón y la codicia se ha convertido en hábito para ti, serás gobernado por Mamón y no andarás en el camino recto, aunque hayas orado muchas veces buscando la voluntad de Dios.

La epístola de Judas también menciona a Balaam. *"¡Ay de ellos! Porque (...) se lanzaron por lucro en el error de Balaam"* (v. 11). Estas palabras son muy duras. Algunos se lanzaron por lucro. Se lanzaron en el error de Balaam. El error es que corrieron "por lucro", es decir, corrieron por obtener un provecho. Por esto es imperativo que los hijos de Dios sean totalmente liberados de la maraña del lucro y el provecho, o caerán invariablemente en el error.

En 2 Pedro 2 se menciona otro fenómeno además de lo que concierne a Balaam: *"Y por avaricia harán mercadería de vosotros con palabras fingidas. Sobre los tales ya de largo tiempo la condenación no se tarda, y su perdición no se duerme"* (v. 3). En este capítulo en particular, Pedro habla de los falsos profetas. ¿Qué hacen los falsos profetas? Por avaricia, explotan a la gente con palabras fingidas. Comprendamos claramente que es por su avaricia que estos falsos profetas y falsos maestros usan palabras fingidas para obtener provecho a expensas de los demás. Si el camino de una persona es gobernado por el dinero, pronto verás que sus enseñanzas también son gobernadas por él. Eso es seguro. Enseñará una cosa a los pobres y otra a los ricos. Pronunciará ante los pobres una cierta demanda del Señor y ante los ricos presentará otra demanda. Su hablar estará bajo la influencia del deseo de provecho que hay en su corazón. En otras palabras, lo que enseñe seguirá los dictados del dinero. Por esta razón la Palabra del Señor sobre ellos es franca y muy dura.

Tememos que algunos imiten a estos falsos profetas y falsos maestros. Si el camino de una persona está desviado y alterado por el dinero, podemos saber sin lugar a dudas que es un falso profeta o falso maestro. Ningún profeta o maestro que sirva a Dios estará bajo ninguna influencia del dinero. Si Mamón puede comprar a aquellos que desean ser obreros de Dios e influir en tu camino, debes caer en polvo y ceniza y confesar: "Señor, en verdad soy un falso profeta. Soy un falso maestro, un falso siervo. Realmente no te estoy sirviendo". Este asunto es extremadamente grave. El hombre debe ser totalmente salvo de Mamón. Cualquier persona que piensa en el dinero en su camino y sus enseñanzas, debe ser totalmente excluida de la obra y el servicio de Dios.

En su primera epístola a Timoteo, Pablo escribe lo mismo que Pedro y Judas habían escrito en sus epístolas. Le presta una atención especial a este tema en su conversación epistolar con Timoteo. Comienza el capítulo sexto diciendo: *"Si alguno enseña otra cosa, y no se conforma a las sanas palabras de nuestro Señor Jesucristo, y a la doctrina que es conforme a la piedad..."* (v. 3). ¿Cómo describirías a un hombre tan equivocado con aquellos que se conforman a las sanas palabras de nuestro Señor Jesucristo? La respuesta de Pablo explica, en los siguientes versículos, que *"está envanecido, nada sabe, y delira acerca de cuestiones y contiendas de palabras, de las cuales nacen envidias, pleitos, blasfemias, malas sospechas, disputas necias de hombres corruptos de entendimiento y privados de la verdad, que toman la piedad como fuente de ganancia"* (vv. 4-5). Esta es una observación realmente sorprendente. Al leer la historia de la iglesia, no se encuentra a nadie que enseñara una doctrina extraña que estuviera dispuesto a gastar y gastarse en el evangelio como lo fue Pablo. Todos los que enseñan doctrinas diferentes buscan ganar algo con lo que enseñan. Calculan cuánto resultado tendrán de su inversión. Desearíamos y esperamos fervientemente que ningún predicador del evangelio busque jamás obtener una ganancia de nadie.

Nada en el mundo recibe mayor condenación de Dios que usar la piedad como forma de ganancia. Lucrar de esa manera es de lo más despreciable. Un obrero debe limpiarse del deseo de obtener ganancias antes de poder llegar a tocar la obra de Dios. Si alguien desea verdaderamente servir al Señor, no debe depender del dinero. Una persona así debe preferir morirse de hambre a esperar lograr algún provecho. Todo obrero de Dios debe ser muy firme en esta importante área de la formación propia. Nunca demos lugar a que nada ni nadie nos tiente en esta área. Debemos seguir al Señor estrictamente.

Podemos vender nuestras ropas y nuestras otras posesiones, pero jamás debemos vender nuestra doctrina y nuestra piedad. Es mucho mejor para nosotros que ni siquiera nos acerquemos a la obra de Dios si no hemos muerto al dinero. Quien no puede gloriarse como Pablo, no es apto para servir como obrero para Dios. Pablo se gloría de que *"gran ganancia es la piedad acompañada de contentamiento"* (v. 6). Aquí está la verdadera ganancia. Me contento en la piedad. La piedad es no pedir ni esperar nada. La piedad es contentarse con lo que uno tiene. Y esto, dice Pablo, es ganancia, gran ganancia. Usar la piedad como medio para ganar dinero es lo más vergonzoso. Pero la piedad con contentamiento es gran ganancia. Las próximas palabras de Pablo son especialmente dignas de ser tenidas en cuenta y cumplidas por aquellos que desean ser obreros de Dios:

...porque nada hemos traído a este mundo, y sin duda nada podremos sacar. Así que, teniendo sustento y abrigo, estemos contentos con esto. Porque los que quieren enriquecerse caen en tentación y lazo, y en muchas codicias necias y dañosas, que hunden a los hombres en destrucción y perdición; porque raíz de todos los males es el amor al dinero, el cual codiciando algunos, se extraviaron de la fe, y fueron traspasados de muchos dolores (vv. 7-10).

Nunca debemos usar la piedad como medio para obtener ganancias. Debemos ser totalmente independientes del dinero y su perniciosa influencia. Si tuviéramos algún problema para resolver este asunto, sería mejor que buscáramos otra ocupación. No debemos caer tan bajo que seamos guiados y llevados por el dinero y la preocupación por él. Si es así, sería mejor que sirviéramos a Dios en alguna profesión. Nadie que quiera servir al Señor puede ser descuidado en el área del dinero, o traerá deshonra al nombre del Señor. Todo obrero debe estar limpio en lo que a dinero se refiere. Debe estar completamente liberado, porque cualquier forma de impureza en este tema es muy severamente condenada en la palabra de Dios.

El apóstol Judas escribe las siguientes palabras: *"Estos son murmuradores, querellosos, que andan según sus propios deseos, cuya boca habla cosas infladas, adulando a las personas para sacar provecho"* (v. 16). Muchos hablan con jactancia y muchas pretensiones. Declaran cuántas veces han sido respondidas sus oraciones y qué grandes y sorprendentes son los milagros que han realizado. Dicen estas palabras para sacar provecho. Adulan a las personas, hablando palabras agradables a sus oídos para obtener ganancia. Oh, comprendamos que el que es débil en el tema del dinero será débil en todo lo demás. En todo lo relativo a Mamón, debemos ser fuertes, firmes y no ceder ante su influencia, o directamente su gobierno, sobre nuestra vida y nuestra obra. Como futuros obreros del Señor, debemos atacar radicalmente esta faceta de la formación de nuestro carácter.

La enseñanza de Jesús

Lo segundo que debemos mencionar en relación con el dinero, es observar cómo Jesús entrenó a sus discípulos. En Lucas 9 se relata cómo envió a los doce discípulos; y en Lucas 10, cómo envió a los setenta. Cuando el Señor envió a los doce, les dijo: *"No toméis nada para el camino, ni bordón, ni alforja, ni pan, ni dinero; ni llevéis dos túnicas"* (v. 3). El Señor les dijo que no llevaran esas cosas. Cuando envió a los setenta, les dijo, entre otras cosas: *"No llevéis bolsa, ni alforja, ni calzado"* (Lucas 10:4). En este punto, les dio a los dos grupos la misma orden en lo relativo al dinero. En otras palabras, cuando una persona sale a trabajar, el dinero ni siquiera se toma en cuenta. Es significativo que después el Señor les preguntó: *"Cuando os envié sin bolsa, sin alforja, y sin calzado, ¿os faltó algo?"* Y ellos respondieron: *"Nada"* (Lucas 22:35). Entonces continuó diciendo: *"Pues ahora, el que tiene bolsa, tómela, y también la alforja; y el que no tiene espada, venda su capa y compre una"* (v. 36). Dijo estas palabras porque el tiempo y la circunstancia habían cambiado, y ya el Señor era rechazado. Pero durante los días en que el Señor era aceptado por los israelitas, los discípulos no tenían necesidad de llevar esas cosas.

El tema que deseamos enfatizar aquí es que cuando alguien es enviado por el Señor, debe prestarle muy poca atención, si es que le presta alguna, a este tema de la bolsa. Su ser entero está dedicado al mensaje, no a la billetera. Él sale a testificar que a Jesús de Nazaret, Dios le ha hecho Señor de todo. Su compromiso es con este mensaje, no con la billetera. En otras palabras, el que sale a servir ya ha escapado del dinero y la preocupación por él. Para poder ir por pueblos y ciudades para proclamar el evangelio del reino, no debemos ser como el camello, incapaces de entrar en el reino de Dios por el hueco de una aguja, al mismo tiempo que presionamos a las demás personas para que se esfuercen por hacerlo. Esto es simplemente imposible.

¿Qué significan las expresiones *"No toméis nada"*, de Lucas 9, o *"No llevéis"*, de Lucas 10? Significa que el principio del evangelio y el de la bolsa, la túnica y el calzado, no concuerdan. Cuando un hombre sale a proclamar el evangelio, no está ansioso por estas cosas. En un viaje normal, la bolsa o billetera es para llevar el dinero; el bordón, o bastón, para caminar; y las dos túnicas, para cambiar de ropa; y todos estos elementos son necesarios. Esto está de acuerdo con Lucas 22, donde dice que el Señor ordena: *"tómela"*. ¿Por qué, entonces, al enviar los doce, en Lucas 9, y al enviar los setenta, en Lucas 10, dice: *"No toméis"* o *"No llevéis"*? Al decir estas palabras en los dos pasajes mencionadoss, Él quiere hacernos saber que quien sale hoy a predicar el evangelio no piensa en esas cosas. Sale, si es enviado, sin tener en cuenta si tiene uno o dos abrigos, si tiene o no bastón, billetera, bolsa o calzado. Así es la predicación del evangelio. Así fue el entrenamiento que el Señor les dio a los setenta y a los doce.

¿Tenemos en claro este punto? Si queremos predicar el evangelio, no debemos dejar que estas cosas se conviertan en problemas; de lo contrario, es mejor que no salgamos. El evangelio demanda nuestra concentración total, tanto que estos asuntos materiales, como el vestido, la billetera o el bastón, no constituyan un problema o algo digno de ser considerado por nosotros. El evangelio es la única carga que hay en nuestro corazón. Nos reciba o no la gente, no debemos dejar de ser gloriosos testigos del Señor ante Él. Por eso el Señor dijo: *"En cualquier casa donde entréis, primeramente decid: Paz sea a esta casa"* (Lucas 10:5). Qué hermoso gesto. Un obrero es alguien que da paz. Debe mantener su dignidad en la presencia de Dios. Quizá seamos pobres, pero como siervos de Dios jamás debemos perder nuestra dignidad.

¿Pero qué pasa si las personas no nos reciben? La respuesta del Señor sería: *"Y dondequiera que no os recibieren, salid de aquella ciudad, y sacudid el polvo de vuestros pies en testimonio contra ellos"* (Lucas 9:5). ¿Vemos la dignidad de los siervos de Dios? Cuando los echan de algún lugar, no se molestan por las quejas de que lamentablemente han entrado en la casa equivocada. En cambio, se sacuden el polvo de sus pies; es decir, ni siquiera se llevarán en sus pies el polvo de la ciudad. Sí, los siervos de Dios mantienen su dignidad. A menos que puedan vencer en este aspecto, no pueden hacer la obra del Señor. Por esta razón, el obrero necesita tener completamente resuelto el asunto del dinero delante de Dios, porque es un tema muy serio.

También vemos cómo el Señor entrenó a los discípulos con relación al dinero en la ocasión en que alimentó a los cinco mil, y luego a los cuatro mil. En una ocasión, el Señor había predicado ante una gran multitud. Según el relato de Mateo había aproximadamente cinco mil hombres, sin contar las mujeres y los niños. Cuando estaba llegando la noche, sus discípulos vinieron a él, diciendo: *"El lugar es desierto, y la hora ya pasada; despide a la multitud, para que vayan por las aldeas y compren de comer."* Pero el Señor Jesús les dijo: *"Dadles vosotros de comer"* (Mateo 14:15-16). Los discípulos estaban ansiosos porque el Señor dispersara a la multitud para poder comprar comida para ellos mismos, pero el Señor les dijo que alimentaran ellos a la gente. Uno de los discípulos lo oyó y se asustó tanto que exclamó: *"Doscientos denarios de pan no bastarían para que cada uno de ellos tomase un poco"* (Juan 6:7). Vemos aquí que los discípulos estaban calculando el costo. Pero el Señor preguntó: *"¿Cuántos panes tenéis? Id y vedlo"* (Marcos 6:38a). Cuando finalmente vinieron con cinco panes y dos pescados y se los dieron a Jesús, el Señor, como sabemos, milagrosamente alimentó a la multitud hasta que todos estuvieron saciados.

Te ruego que comprendas que quien piense en los doscientos denarios, no puede servir a Dios. Si el dinero tiene tanto peso para ti, no puedes llevar a cabo la obra del Señor. Lo que Jesús les mostró a sus discípulos fue que todos los que desean hacer la obra de Dios, deben estar dispuestos a dar (*"dadles vosotros"*). Si a una persona le interesa el dinero, calculará si vale la pena. Un obrero de Dios debe ser liberado de la influencia del dinero para que no tenga ningún poder sobre él. Durante los tres años, aproximadamente, que duró su ministerio terrenal, nuestro Señor se dio sin reservas a los doce para prepararlos. En la obra de Dios no hay cosas dignas o valiosas y cosas que no lo son. Él les mostró cómo dar y darse. Es un grave error mirar la obra divina desde un punto de vista comercial. El que calcula teniendo en cuenta el dinero, no es siervo de Dios, sino de Mamón. Aprendamos, por tanto, a salir fuera de la influencia del dinero.

Los discípulos no pudieron aprender la lección enseguida. Y por eso Mateo 15 nos habla de la segunda oportunidad en que los cuatro mil estaban reunidos (una vez más, sin considerar cuántos niños y mujeres había). Esta ocasión era más grave que la anterior, ya que la multitud había estado allí durante tres días cuando el Señor actuó. ¿Qué podían hacer los discípulos en estas circunstancias? El Señor les dijo: "Tengo compasión de la gente, porque ya hace tres días que están conmigo, y no tienen qué comer" (Mateo 15:32a). No solo la multitud, sino que el Señor tampoco tenía nada para comer. *"...enviarlos en ayunas no quiero, no sea que desmayen en el camino"*, razonó, compasivo, el Señor (v.32b). Los discípulos, sin embargo, no habían aprendido la lección de la alimentación de la otra multitud. Le preguntaron una vez más de dónde podría sacarse pan para tanta gente. El problema del hombre es conseguir pan. *"¿Cuántos panes tenéis?"*, preguntó el Señor. *"Siete, y unos pocos pececillos"*, respondieron los discípulos (v. 34). Luego de que le trajeran los siete panes y los pececillos, el Señor hizo una vez más el milagro de alimentar a una gran cantidad de personas; esta vez, cuatro mil hombres, más mujeres y niños.

El Señor realizó este milagro dos veces, entre otras razones, porque los discípulos necesitaban este doble entrenamiento. Supongamos que el Señor no hubiera alimentado a los cinco mil y a los cuatro mil; es muy posible que los discípulos no hubieran cuidado de nadie después de Pentecostés.

Quien ignora los eventos de los cinco mil y los cuatro mil en los evangelios, puede no sentir simpatía para con las necesidades de los tres mil y los cinco mil que se mencionan en el libro de Hechos. Del mismo modo, quien huye del león y del oso huirá también de Goliat, y quien no cuida a las ovejas en el campo no cuidará a los hijos de Israel (ver la vida de David). Aquí había un grupo de personas que finalmente habían aprendido la lección de la alimentación de los cinco mil y los cuatro mil. Por eso, cuando llegó el día de Pentecostés, no tuvieron problema en cuidar de los tres mil pobres ese día, y luego, de cinco mil más.

Por este motivo, todos los que queremos ser siervos del Señor necesitamos recibir el mismo entrenamiento de parte de Dios. Nuestros corazones deben ensancharse. Podemos ser frugales, pero Dios no quiere que conservemos su milagro. Muchos son tan tacaños con el dinero que los demás llegan a preguntarse si realmente hacen las cosas que los siervos preparados por el Señor deben hacer. Para quien ha sido verdaderamente preparado por el Señor, el dinero no es un tema importante en su corazón, ni está tan pegado a su mano. Reconozcamos el hecho de que cuanto más calculamos, más equivocados estamos y más pobres nos volvemos. Porque esta actitud no es el principio de Dios con respecto al dinero. Debemos recibir el mismo entrenamiento que experimentaron los doce y los setenta.

De los doce, sin embargo, había uno que era un ladrón. Robaba de la bolsa común. No había aprendido la lección. El dinero seguía siendo un tema importante en su vida. Cuando finalmente vio a María rompiendo el vaso de alabastro y derramando el costoso perfume de nardo sobre el Señor, pensó que era un terrible desperdicio, y lo dijo. *"Porque esto podía haberse vendido a gran precio, y haberse dado a los pobres"*, protestó. Pero el Señor no pensaba igual. En cambio, le ofreció esta observación: *"De cierto os digo que dondequiera que se predique este evangelio, en todo el mundo, también se contará lo que ésta ha hecho, para memoria de ella"* (Mateo 26:13). Romper el vaso de alabastro y derramar el costoso aceite (trescientos denarios era su precio) sobre el Señor, fue el resultado, puro y simple, del evangelio. En otras palabras, a los ojos de Jesús es adecuado y correcto que una persona que ha recibido el evangelio no piense en el costo ni considere que es un desperdicio que se haga una cosa así por Él. Aunque ese acto pareciera ser gastar en demasía o fuera considerado un "desperdicio" en nombre del Señor, de todas maneras sería correcto. Los que no conocen el evangelio están siempre calculando; pero los que sí lo conocen comprenden que ese "desperdicio" es correcto. El Señor es digno de recibir el "desperdicio" de todo.

Veamos un poco más en detalle a quien declaró que haber derramado los trescientos denarios de perfume era un desperdicio. Judas Iscariote era un hombre que hasta ese momento no había aprendido la lección. Lo que dijo suena bastante razonable desde la perspectiva humana. ¡Según la estimación del hombre, gastar trescientos denarios en un acto de unción no vale la pena! A Judas le dolió en el centro mismo de su ser haber tenido que ser testigo de tal "desperdicio". Él deseaba sacar ventaja de eso. Era un hombre verdaderamente calculador. Pero una persona que realmente ha recibido y apreciado el evangelio está dispuesta a dar todo por el Señor. Y si parece que da demasiado, ese demasiado aún está totalmente de acuerdo con el evangelio. En ningún lugar donde se recibe el evangelio habrá alguien que pueda regatear con el Señor. *"Porque vosotros siempre tendréis pobres con vosotros, pero a mí no siempre me tendréis"*, señaló Jesús (Mateo 26:11). Lo que Jesús quería decir aquí es que aunque realmente debes cuidar de los pobres, lo que gastes en él nunca es considerado un desperdicio. No importa cuánto hagas o gastes por Él, nunca es un desperdicio.

Cierta vez, un hermano hizo esta interesante observación: "Las personas que siguen siendo moderadas después de creer en el Señor, tienen poco futuro espiritual". Habrá tiempo para que seamos moderados luego de diez o veinte años; pero en el momento en que recién has creído, deberías "desperdiciar" algo en el Señor. Si en el momento en que recién lo conocemos, damos todo, derramando el puro perfume de nardo del vaso de alabastro sobre el Señor Jesús, encontraremos el camino. Esta fue la educación que recibieron los discípulos. Aprendamos a sufrir un poco nosotros, pero gastando más en el Señor y en otras personas. La actitud de los siervos de Dios hacia el dinero debe ser drástica. Irán, con dinero o sin él. Nunca es correcto regatear.

En Hechos 3 vemos que Pedro le dijo al hombre cojo: *"No tengo plata ni oro"* (v. 6a). El Señor los había llevado tanto a él como a Juan a un punto en que no tenían ni plata ni oro. Aunque en Hechos capítulo 2, versículos 44 y 45, hay evidencias de una gran cantidad de riquezas, en el capítulo 3 la situación cambia, ya que encontramos a Pedro diciendo: *"No tengo plata ni oro..."*. Pero continúa diciendo: *"...pero lo que tengo te doy: en el nombre de Jesucristo de Nazaret, levántate y anda"* (v. 6b). Grandes sumas de dinero habían pasado por sus manos, pero ellos no tenían ni plata ni oro. Pedro y Juan habían aprendido bien la lección para este momento.

Si alguien está ocupado en la obra de Dios, debe ser fuerte en relación con este asunto de Mamón. La debilidad en esta área significa debilidad en todas las áreas. Una razón fundamental por la que un obrero es firme y constante en la obra del Señor, es el hecho de ser confiable en el área tentadora del dinero. Y si es confiable en esto, Dios puede confiar en él.

La enseñanza de Pablo

Veamos una tercera faceta de este tema tal como la revela la actitud de Pablo hacia el dinero. Él se expresó muy claramente sobre el tema. En la ocasión en que les habló a los ancianos de Éfeso reunidos en Mileto, Pablo declaró sin lugar a dudas: *"Ni plata ni oro ni vestido de nadie he codiciado"* (Hechos 20:33). Esto mostraba que no tenía codicia en su corazón. Por un lado, podía testificar que al trabajar para Dios no pensaba en absoluto en ganarse la plata, el oro o el vestido de nadie. Por otro, Pablo también podía afirmar esto: *"Antes vosotros sabéis que para lo que me ha sido necesario a mí y a los que están conmigo, estas manos me han servido"* (v.34). Esta debe ser la doble actitud que cada siervo de Dios debería tener. Deberíamos poder decir delante de Dios: (1) que no hemos codiciado la plata, el oro ni el vestido de nadie: no deseamos las cosas que te pertenecen, y debes quedártelas; y, (2), que estamos dispuestos a trabajar con nuestras manos para suplir nuestras necesidades y las de quienes trabajan con nosotros. Pero esta actitud no significa que quienes sirven al Señor no puedan ejercer el derecho que, según el evangelio, tienen legítimamente, de recibir sostén de aquellos a quienes están ministrando (ver Mateo 10:10b; Lucas 10:7b; 1 Corintios 9:1-14; 1 Timoteo 5:18). Simplemente significa que tienen tal sentido del deber en lo relativo al evangelio, que están dispuestos a invertir sus manos, tiempo, energía y dinero en él. Todos debemos tener este deseo en nuestro corazón delante de Dios. Que mis dos manos trabajen. Aunque Pablo recibía ofrendas de la gente, esto era responsabilidad de los demás; y luego tocaremos ese aspecto.

Qué bien les habló Pablo a los corintios:

¿Pequé yo humillándome a mí mismo, para que vosotros fueseis enaltecidos, por cuanto os he predicado el evangelio de Dios de balde? (...) Y cuando estaba entre vosotros y tuve

necesidad, a ninguno fui carga, pues lo que me faltaba, lo suplieron los hermanos que vinieron de Macedonia, y en todo me guardé y me guardaré de seros gravoso. Por la verdad de Cristo que está en mí, que no se me impedirá esta mi gloria en las regiones de Acaya. ¿Por qué? ¿Porque no os amo? Dios lo sabe. Mas lo que hago, lo haré aún, para quitar la ocasión a aquellos que la desean, a fin de que en aquello en que se glorían, sean hallados semejantes a nosotros (2 Corintios 11:7, 9-12).

Pablo no estaba rechazando ninguna ofrenda de otro lugar (en este pasaje, de los filipenses y otros de la región de Macedonia); simplemente declaraba que en las regiones de Acaya (donde estaba ubicada Corinto) no recibiría nada. Esto era por el testimonio, porque no deseaba dar oportunidad a quienes querían denigrarlo para engrandecerse ellos mismos. Él declaró que les predicaría el evangelio de Dios sin cobrar nada, y que no sería una carga para ellos, ni siquiera en tiempos de necesidad personal. Tendría cuidado en lo que hiciera, en ese momento y siempre. Esto no era porque no los amara. Era solo para terminar con las presunciones de quienes buscaban la ocasión de enorgullecerse. Pues bien, esta, quisiera decir, es la actitud correcta de parte de un obrero hacia el dinero, la que deberían tener todos los que desean ser usados como siervos de Dios.

Dondequiera que estemos, debemos mantener esta actitud para no dar pie a ninguna calumnia. Los hijos de Dios que trabajan en la obra del Señor deben mantener su dignidad. Cuanto más amen las personas el dinero, más les predicaremos el evangelio sin costo alguno. Cuanto más se aferren al dinero, menos aceptaremos sus contribuciones. ¿Comprendemos ahora cuál es la postura de un siervo de Dios? En caso de que te encuentres con gente como la de las regiones de Acaya, que dan a regañadientes pero buscan la ocasión de hablar en contra de los demás, debes ser como Pablo, declarando, como él: *"Me guardaré de seros gravoso"*. Pablo podía entregar la ofrenda que los corintios daban para los pobres en Jerusalén. Podía pedirles que enviaran a Timoteo en paz. Pero en lo que se refería a sí mismo, mantenía la dignidad de un obrero de Dios. Por lo tanto, si al aceptar alguna ofrenda, tú haces que la gente hable, pierdes la dignidad que te corresponde por servir a Dios. Debes mantener y preservar esa dignidad a cualquier precio. No debes ser negligente en este asunto del dinero; si no, no eres apto para hacer la obra de Dios.

Pablo mostró que, además de mantener su propia dignidad, trabajaba con sus propias manos para suplir las necesidades de sus compañeros en la obra. Esto ejemplifica el principio de "dar", así como Pablo lo declaró ante los ancianos efesios que se habían reunido: *"Sabéis que para lo que me ha sido necesario a mí y a los que están conmigo, estas manos me han servido"*. Todo obrero debe saber dar. Si te guardas todo lo que te llega para ti, sea comida, ropas, dinero o cualquier otra cosa, no sabes cuál es la tarea de un ministro. La actual insuficiencia de la provisión entre los que son obreros conjuntamente, prueba que hay algo que funciona mal en el dar. Un hermano cuya fe está limitada solo a recibir, tiene un uso muy limitado en la obra de Dios.

Nuestro futuro espiritual ante Dios depende de nuestra actitud hacia el dinero. La peor actitud que puede tener un obrero es la de dar siempre solamente a sí mismo. Hoy parece bastante difícil hacer que los levitas den; pero en el Antiguo Testamento se ve claramente que los levitas también debían dar su diezmo. Es cierto, los levitas no tenían herencia en las ciudades, porque vivían entre las doce tribus de Israel. Vivían junto al altar. Quizá, en su época, algún levita se haya preguntado: "Vivo junto al altar. ¿Qué puedo dar?" Pero Dios declaró que todos los levitas, que recibían el diezmo del resto de Israel, también debían dar su diezmo. Esta palabra del Antiguo Testamento se ha conservado para recordarles a todos los actuales siervos "levíticos" del Señor, que no pueden excusarse de dar simplemente porque han dejado todo y reciben un ingreso mínimo. Si una persona mira solo por su propia necesidad, no tendrá forma de suplir para la de los que trabajan con ella. No; según nuestra capacidad, debemos poder suplir para todos los demás hermanos y hermanas que trabajan. Si nos guardamos nuestro dinero y otros recursos materiales, y esperamos que el Señor mueva a otro hermano o hermana para dar, Dios no nos confiará dinero. Qué bien habló Pablo respecto de sí mismo y de los que trabajaban con él: *"Como pobres, mas enriqueciendo a muchos"* (2 Corintios 6:10b). Este era un hermano que conocía a Dios. Aparentemente era pobre, pero sorprendentemente, él y los que trabajaban con él hicieron ricos a muchos. Al trabajar juntos, no podemos hacer menos que esto.

Si vas a trabajar y descubres que alguien en la iglesia ha hablado en tu contra o ha mostrado una actitud incorrecta hacia ti, deberías preservar la dignidad de un obrero y no recibir su ofrenda. Deberías decirles directamente: "No puedo usar su dinero. Soy un hombre que sirve a Dios. Ustedes han pronunciado palabras adversas, y yo no puedo tomar ese dinero. Debo preservar la gloria de Dios". Aunque seas pobre, debes aprender a dar. Cuanto más des, más recibirás. Este es un principio espiritual que se encuentra en toda la Palabra de Dios. Muchas veces, cuando nos falta, hacemos un esfuerzo para poder dar. Y después de que el dinero se va, llega la provisión del Señor. Algunos hermanos y hermanas han tenido suficiente experiencia como para testificar que esto es real. Nunca te fijes cuánto queda en tus manos: *"Porque con la misma medida con que medís, os volverán a medir"* (Lucas 6:38c). Esta es la ley de Dios. No podemos quebrantarla. La forma en que los cristianos manejamos el dinero es muy diferente de cómo lo hace el mundo. Ellos aumentan su capital ahorrando, mientras que nosotros lo hacemos dando. Aunque seamos pobres, podemos enriquecer a muchos.

"He aquí, por tercera vez estoy preparado para ir a vosotros;" dice Pablo, *"y no os seré gravoso"* (2 Corintios 12:14). Esa fue siempre su actitud. ¡Y qué seria era la situación! En sus visitas anteriores habían hablado palabras sin fundamento en su contra, así que en esta futura tercera visita, estaba decidido, una vez más, a no ser una carga para ellos. Porque, explica, *"no busco lo vuestro, sino a vosotros"*. ¿Era esto una indicación de que su corazón se había empequeñecido y tenía menos capacidad? No, en absoluto. Porque sigue diciendo que *"no deben atesorar los hijos para los padres, sino los padres para los hijos"*.

¿Vemos cuán ejemplar es la actitud de Pablo aquí? Dado que los corintios habían escuchado palabras de calumnia acerca de él, Pablo sentía que no podía aceptar sus ofrendas. Pero no se apartó de ellos ni dejó de instruirlos en asuntos referidos al dinero y otros temas. Puede decirse con plena certidumbre que el tema del dinero se menciona más extensamente en esta segunda carta a los corintios que en cualquier otra de sus epístolas. Si no les mencionara el tema (las contribuciones para los pobres de Jerusalén) a los corintios, sería señal de que lo habían herido a tal punto que deseaba abandonarlos. Pero no estaba herido a tal grado; todo lo contrario, podía continuar sin amargura, e instruir a los corintios sobre el tema del dinero. Pablo les dice que deberían enviar una contribución a Jerusalén; no les dice que no lo hagan. Pablo se había elevado tan por encima de Mamón que no lo afectaba la actitud de los corintios hacia él.

A pesar del hecho de que debía preservar su dignidad rechazando la ofrenda que para él tenían los corintios, podía recomendar a estos mismos corintios de Acaya a los macedonios, diciendo: "que Acaya está preparada desde el año pasado". Sin embargo, pensaba que en caso de que los corintios de Acaya no estuvieran preparados cuando llegaran a ellos los macedonios, y él (así como los mismos corintios) fueran avergonzados, los urge a prepararse (2 Corintios 9:2, 4-5). Sus emociones personales no están involucradas en esto en lo más mínimo.

Verdaderamente, este siervo de Dios debía de ser alguien realmente liberado del poder del dinero, o los corintios no hubieran escuchado su mensaje. En estas circunstancias Pablo bien podía haberles comunicado estas palabras a los efesios y los filipenses, evitando comunicarlas a los corintios. Pero a ellos les dijo las mismas palabras. No los evitó. Le parecía imperativo hablarles a los corintios sobre el dinero, porque su objetivo era que al menos Dios pudiera usar su ofrenda, aunque él no quisiera y no pudiera usarla. Él no buscaba nada para sí mismo, y al mismo tiempo, en el tema económico, no deseaba ser una carga para ellos. Pero seguía esperando que los corintios anduvieran por el camino recto delante de Dios.

Veamos más profundamente la declaración única de Pablo: *"No busco lo vuestro, sino a vosotros"* (12:14). Cada vez que tú, siervo de Dios, estás en contacto con hermanos y hermanas, puedes distinguir entre "vuestro" y "vosotros"? ¿Buscas "lo suyo" o a "ellos"? Supongamos que no pudieras obtener "lo suyo" porque ellos han dudado de tu sinceridad; ¿seguirías apoyándolos, edificándolos y esperando que crezcan? Pablo tenía motivos suficientes para rechazar a los corintios pero sin embargo, continuó visitándolos, aun una tercera vez. ¿Por qué? Porque los buscaba "a ellos", no "lo suyo". Esta es verdaderamente una de las tentaciones más grandes para los siervos de Dios. Aprendamos a actuar y conducirnos como lo hacía Pablo. Además, el apóstol menciona algo más a los corintios:

Y yo con el mayor placer gastaré lo mío, y aun yo mismo me gastaré del todo por amor de vuestras almas, aunque amándoos más, sea amado menos. Pero admitiendo esto, que yo no os he sido carga, sino que como soy astuto, os prendí por engaño, ¿acaso os he engañado por alguno de los que he enviado a vosotros? Rogué a Tito, y envié con él al hermano. ¿Os engañó acaso Tito? ¿No hemos procedido con el mismo espíritu y en las mismas pisadas? (2 Corintios 12:15-18).

Observemos la actitud de Pablo en este pasaje. Qué dispuesto estaba a gastar y gastarse por los corintios. Cuando se predica el evangelio, no solo la persona misma, sino también todo lo que ella tiene debe estar plenamente comprometido. Qué equivocado es hacer dinero con la predicación del evangelio. Preparémonos, en vez de guardar también nuestra porción. Si nos guardamos nuestro dinero, no somos obreros dignos. Pablo estaba dispuesto a gastarse él mismo y todo lo suyo por las almas de los corintios y, además, no quería ser una carga económica o material para ellos. Tampoco Tito, ni el otro hermano que Pablo envió fueron cargas para ellos. Pablo no sacaba ventaja de nadie. El evangelio es glorioso, así que debemos usar nuestro propio dinero también para predicarlo. Seamos como el apóstol: no seamos una carga para nadie. Gastemos todo y gastémonos por completo por el evangelio. Entonces estaremos en el camino recto.

Por otra parte, observemos cuidadosamente que Pablo recibió las ofrendas que le enviaron los macedonios y los filipenses. Por lo tanto, podemos llegar a la conclusión de que es correcto que un predicador del evangelio reciba una ofrenda en circunstancias normales. Pablo recibió de algunos y rechazó de otros. Aceptó la ofrenda de los macedonios, porque ellos no tenían dudas sobre él. Pero en las regiones de Acaya, los corintios buscaron la oportunidad para criticarlo y difamarlo; por eso él no aceptó su ofrenda. Así actuaba Pablo. Hoy nosotros debemos actuar igual. Podemos aceptar, en algunos casos, como en el caso de Macedonia; pero debemos negarnos en otros, como hizo Pablo con los de las regiones de Acaya, donde estaba situada Corinto. Comprendamos que debemos seguir fielmente esta regla marcada por la experiencia de Pablo, que no todo el dinero y no todas las ofrendas son aceptables. Si hay críticas por detrás, entonces no debemos aceptar una ofrenda determinada que nos entregan en este u otro lugar. Pero en otros lugares sí podemos aceptar ofrendas.

Sigamos leyendo en la carta de Pablo a los filipenses, para ver cómo debemos aceptar estas ofrendas.

Y sabéis también vosotros, oh filipenses, que al principio de la predicación del evangelio, cuando partí de Macedonia, ninguna iglesia participó conmigo en razón de dar y recibir, sino vosotros solos; pues aun a Tesalónica me enviasteis una y otra vez para mis necesidades. No es que busque dádivas, sino que busco fruto que abunde en vuestra cuenta (Filipenses 4:15-17).

Esta era la actitud de Pablo. La iglesia de Filipos era, aparentemente, la única que enviaba ofrendas a Pablo. Cuando él estaba en Corinto y Tesalónica, eran los filipenses los que se acordaban de él. Pero él les dice: *"No es que busque dádivas, sino que busco fruto que abunde en vuestra cuenta"*. Él sabía que Dios tendría en cuenta el dinero enviado, y recordaría que los filipenses habían hecho esto. Aquí vemos a un hombre que tuvo una actitud muy hermosa hacia los únicos que suplieron sus necesidades. Estos macedonios de Filipos le enviaron una y dos veces sus ofrendas. Pero, así como Pablo deja muy en claro en su propia experiencia, no debemos ocuparnos del dinero o las ofrendas materiales que nos envíen. Podemos no aceptar todas las ofrendas que se nos entregan; pero aun cuando las aceptemos, nuestra actitud debe ser esperar un aumento en los créditos de quienes nos ofrendan, ante Dios. Déjenme decir una vez más que el siervo de Dios que no ha sido liberado en este tema del dinero será propenso a equivocarse en todas las demás áreas.

"Pero", dice Pablo, *"todo lo he recibido, y tengo abundancia"* (Filipenses 4:18a). Qué diferentes son estas palabras de las que escuchamos normalmente. Generalmente, en un informe mencionamos cuánto nos falta todavía, para que la gente nos dé, o nos dé más. Pero nuestro hermano Pablo le informó a la única iglesia que ofrendaba para él, de esta manera: *"Todo lo he recibido, y tengo abundancia"*. Observemos la actitud del hermano. Dice enfáticamente que tiene todo, y tiene abundancia. Pablo había recibido suficiente de ellos, y a esa ofrenda que ya había recibido (a través de Epafrodito, su colaborador), la llama *"olor fragante, sacrificio acepto, agradable a Dios"* (v. 18b). Qué hermoso es el espíritu de Pablo. Era un hombre que no estaba atado en lo más mínimo al dinero. El dinero no provocaba ninguna sensación en él.

Otra preciosa palabra, en este caso una bendición, brota de Pablo: *"Mi Dios, pues, suplirá todo lo que os falta conforme a sus riquezas en gloria en Cristo Jesús"* (v. 19). Estaba agradecido hacia ellos por su ofrenda, pero no perdió nada de su dignidad. Su ofrenda había sido entregada como sacrificio a Dios, no a Pablo mismo. No tenía relación alguna con él. De todas maneras, les devuelve la bendición que citamos. Todo esto hace que Pablo ofrezca como conclusión la siguiente doxología de alabanza y adoración: *"Al Dios y Padre nuestro sea gloria por los siglos de los siglos. Amén"* (v.20).

La administración del dinero de la iglesia

En cuarto y último lugar, mencionemos un aspecto concluyente del tema que hemos tratado. Y aquí queremos examinar la actitud de Pablo en la administración de las contribuciones de varias iglesias locales para los pobres de Jerusalén que, una vez reunidas, fueron enviadas al apóstol.

Asimismo, hermanos, os hacemos saber la gracia de Dios que se ha dado a las iglesias de Macedonia; que en grande prueba de tribulación, la abundancia de su gozo y su profunda pobreza abundaron en riquezas de su generosidad. Pues doy testimonio de que con agrado han dado conforme a sus fuerzas, y aun más allá de sus fuerzas, pidiéndonos con muchos ruegos que les concediésemos el privilegio de participar en este servicio para los santos (2 Corintios 8:1-4).

Aquí hay algo que los hijos de Dios deben tomar para sí. Especialmente, esta debe ser la actitud de los obreros de Dios al tocar dinero en cualquier lugar. Los hermanos de Macedonia (particularmente los de la iglesia de Filipos) ofrendaron, cuando supieron por Pablo del hambre que sufrían los hermanos en Jerusalén. Aunque ellos mismos estaban en gran aflicción y profunda pobreza, dieron más allá de sus fuerzas para atender a los hermanos de Jerusalén. ¿Qué hicieron? Rogaron encarecidamente que se les permitiera participar en la gracia y la comunión de ministrar a los santos que estaban en necesidad. Dejando de lado totalmente su propio sufrimiento y pobreza, ellos mismos quisieron compartir este servicio. Para ello, le rogaron insistentemente a Pablo. En otras palabras, Pablo no les había permitido hacerlo la primera vez que se lo pidieron, porque conocía bien sus dificultades. Y la actitud del apóstol era la correcta. Quien trabaja para el Señor no recibe dinero tan pronto como esté a su disposición, aunque no sea para su propio uso. Es cierto, los hermanos de Jerusalén estaban necesitados, pero esto no era simplemente asunto de reunir dinero para ellos. Especialmente en el caso de los macedonios, que estaban en una situación tan lamentable, lo correcto era no aceptar ese dinero. Pero ellos volvieron una y otra vez, rogándole a Pablo que les hiciera el favor y les permitiera compartir con los hermanos y contribuir así para el servicio de los santos que estaban en necesidad.

¿No fueron verdaderamente encomiables la actitud de Pablo y la de los macedonios? Esto es verdaderamente cristiano. Por un lado, los que ofrendaban decían: "Aunque seamos pobres y estemos necesitados, queremos dar más allá de nuestras fuerzas". Por el otro, el hermano que sirve al Señor les dice: "No tienen necesidad de dar". ¡Cuánta gracia muestran estas actitudes! Sin embargo, más tarde, el siervo-obrero podría decir: "Si realmente y verdaderamente quieren dar, no puedo prohibírselo". Pablo sabía cómo manejar los asuntos de la iglesia. Aunque vio las penurias que sufrían los hermanos en Jerusalén, y estaba deseoso de suplir sus necesidades, su actitud fue muy distinta de la que hoy vemos en muchos obreros.

Más adelante, en este pasaje de 2 Corintios 8, leemos que Pablo dice:

Pero gracias a Dios que puso en el corazón de Tito la misma solicitud por vosotros. Pues a la verdad recibió la exhortación; pero estando también muy solícito, por su propia voluntad partió para ir a vosotros. Y enviamos juntamente con él al hermano cuya alabanza en el evangelio se oye por todas las iglesias; y no sólo esto, sino que también fue designado por las iglesias como compañero de nuestra peregrinación para llevar este donativo, que es administrado por nosotros para gloria del Señor mismo, y para demostrar vuestra bue-na voluntad; evitando que nadie nos censure en cuanto a es-ta ofrenda abundante que administramos, procurando hacer las cosas honradamente, no sólo delante del Señor sino tam-bién delante de los hombres. Enviamos también con ellos a nuestro hermano, cuya diligencia hemos comprobado repeti-das veces en muchas cosas, y ahora mucho más diligente por la mucha confianza que tiene en vosotros (vv. 16-22).

Veamos qué hace Pablo aquí. Cuando se le confió la en-trega de la ofrenda a Jerusalén, fue completamente honrado en su manera de administrarla. Ningún siervo de Dios pue-de ser desprolijo en asuntos de dinero. Pablo no iba a permi-tir que nadie pudiera culparlo en esto. Le pidió a uno, dos hermanos, quizá a tres, que cuidaran el dinero. Él mismo no quería manejar el dinero. ¿Y qué hicieron los tres hermanos? *"...procurando hacer las cosas honradamente, no sólo delante del Señor sino también delante de los hombres"*. Para evitar cualquier problema o posible malentendido, es mejor que sean dos o tres hermanos los que administren el dinero de la iglesia.

Debido a la seriedad del asunto del dinero, Pablo men-ciona a propósito en sus cartas tanto a Timoteo como a Ti-to, que los ancianos no deben amar el dinero (ver 1 Timo-teo 3:3; Tito 1:7). Los diáconos tampoco deben ser codi-ciosos de ganancias deshonestas (ver 1 Timoteo 3:8). Un hermano que no ha vencido en el área del dinero no debe ser anciano ni diácono. Porque esta actitud del corazón, de no ser codicioso del dinero, constituye una de las apti-tudes fundamentales que debe tener quien quiera servir como diácono o anciano. Pedro dice lo mismo, referido a quienes ya eran ancianos: *"Apacentad la grey de Dios que está entre vosotros, cuidando de ella, no por fuerza, sino vo-luntariamente; no por ganancia deshonesta, sino con ánimo pronto"* (1 Pedro 5:2). Nadie que ama el dinero puede ser pastor de la grey de Dios.

Que el Señor nos dé la gracia de solucionar el tema del dinero en nuestros corazones. Si el amor del dinero no ha sido superado, tarde o temprano causará problemas muy graves. Porque este asunto del dinero es tan básico para nosotros que, a menos que sea resuelto, no tenemos lugar en la obra de Dios. Nada puede solucionarse si esto queda irresuelto. Debemos ser independientes del dinero. Debemos aprender a rechazar cualquier ofrenda que nos entreguen en lugares donde se cuestione injustamente nuestra integridad como obreros de Dios. Debemos aprender a llevar las cargas de los demás proveyendo para las necesidades de nuestros compañeros de la obra y los creyentes, tanto como para las nuestras propias. Lograremos muchas cosas cuando resolvamos a favor del Señor este asunto de Dios y Mamón.

10.

Otros asuntos que arreglar

Para concluir con nuestro estudio sobre el carácter del obrero de Dios, quisiéramos mencionar algunos otros temas que los obreros del Señor deben arreglar ante Él. Son: (1) mantener el carácter absoluto de la verdad, (2) cuidar el propio bienestar físico, (3) no preocuparse indebidamente por el estilo de vida personal, y (4) comprender las áreas problemáticas de la virginidad, el matrimonio y otras.

Aferrados a la verdad de Dios

Una persona que hace la obra del Señor debe defender la verdad absoluta. Naturalmente, esto demanda una total liberación del propio yo. Muchos hermanos y hermanas no son completamente leales a la verdad, porque están afectados por relaciones humanas y por sus propias emociones. Un requisito básico del servicio de Dios es que la verdad no debe ser sacrificada. Puedo sacrificar mis emociones y sacrificarme a mí mismo, pero no la verdad. La dificultad con muchos obreros radica en su preocupación por sus amigos, conocidos, parientes o familiares, que puede afectar su lealtad a la verdad. Dios no puede usar a estas personas. Porque si la verdad es la verdad, nada, ni siquiera el propio hermano o familiar o amigo, puede tocarla.

Por ejemplo, el hijo de un obrero pide ser bautizado. Tratándose de un asunto que concierne a la verdad, él debe dejar este caso en manos de los hermanos responsables de la iglesia local, y dejar que ellos decidan si su hijo está listo para el bautismo. Sin embargo, muchas veces el obrero decide que su hijo está listo y, por lo tanto, debe ser bautizado. Así surge un problema, debido a la falta de fidelidad de este hermano a la verdad absoluta. Él trae al cuadro su relación de padre-hijo. Si fuera fiel a la verdad absoluta, dejaría que estos asuntos fueran decididos por los dictados de la verdad. No actuaría basándose en sus relaciones humanas.

Puede darse otro ejemplo. Si se produce una discusión en una iglesia determinada, las personas tenderán a tomar posiciones según el lado del que estén sus amigos o sus familiares. No se sentarán, como deberían hacer, a considerar cuán absoluta es la verdad involucrada; en cambio, seguirán los dictados de sus afectos. Esto no significa que ignorarán por completo la verdad; pero sí muestra que no pueden serle completamente leales. Ser absoluto en lo relativo a la verdad en los temas espirituales, significa que no puede permitirse que ningún sentimiento, amistad o relación humana influya sobre la verdad. Porque tan pronto como entra a jugar una relación humana, ya no puede conservarse la verdad pura. Cualquier adición de palabras humanas disminuye la verdad de la palabra de Dios.

En la Biblia se registran muchas decisiones y órdenes de Dios que deben ser continuamente proclamadas por sus siervos. Detestamos el hecho de que hay quienes siempre están proclamando lo imposible; pero, por otra parte, ¿cómo puede alguien ser siervo de Dios si nunca predica algo que esté fuera de su capacidad personal? Dado que la verdad es absoluta, nadie debe jamás rebajar la Palabra del Señor porque él mismo no ha alcanzado esa altura. Nadie debe alterar la Palabra de Dios debido a su propia deficiencia. Todo lo contrario; a veces debes predicar mucho más de lo que eres, más allá de tus sentimientos o relaciones. Esta es realmente una muy seria exigencia para los siervos de Dios. No puedes tratar a los miembros de tu familia en una forma y a los otros hermanos y hermanas en otra forma. Porque la verdad es absoluta, y el Señor quiere que conservemos su carácter de tal. Todo lo que la Palabra de Dios dice debe aplicarse a todas las personas. No debes actuar en forma distinta por la relación que te una a una determinada persona. Hacer eso sería rebajar la verdad de Dios. Esto no significa que serías totalmente falso, sino que sería evidente que no estás siendo totalmente leal a la verdad. Por lo tanto, aprendamos a mantener el carácter absoluto de la verdad. No debemos comprometerla por ninguna relación humana. Porque seguimos a la verdad; no seguimos a ningún hombre.

En la Iglesia surgen muchas dificultades cuando se sacrifica la verdad. Veamos, por ejemplo, cómo se produjo una división en una iglesia local: un hermano dijo: "No tenemos intenciones de separarnos de ustedes, pero dado que anoche no nos informaron sobre un asunto determinado, hemos decidido no volver a reunirnos con ustedes". Pero si la verdad hubiera sido absoluta, deberían haberle dicho a ese hermano que realmente no tiene nada que ver con que él y los que estaban con él estuvieran informados o no, ya que cualquier separación perpetrada con ese fundamento pone automáticamente al hombre en el lugar de la verdad.

Tomemos otro ejemplo: las personas de un determinado lugar habían expresado su deseo de partir el pan separadamente. La razón dada fue que un hermano había planteado una pregunta en una reunión y no se le había dado respuesta. Pero si alguien parte el pan junto con los demás o separadamente, debe ser un asunto resuelto según la verdad. Si así es, entonces no puede tener nada que ver con el hecho de que a alguien lo traten mal o bien.

Oh, comprendamos con toda claridad que antes de poder servir a Dios, este "yo" nuestro debe ser desarraigado por completo. Si el hecho de que cumplamos la Palabra de Dios depende de la forma en que nos tratan, nos estamos poniendo a nosotros mismos por delante de la verdad. Esto sucede porque hay orgullo y egoísmo en nosotros. Nos consideramos más importantes que la verdad de Dios. ¿Cómo podremos servir al Señor en esas condiciones? En el camino del servicio de Dios, debemos negarnos a nosotros mismos por completo. Si nos lastiman o nos tratan bien en una determinada situación, es algo fuera de la cuestión. No debe haber diferencia según cómo nos sintamos o cómo nos traten. No podemos torcer la verdad divina para seguir lo que sentimos porque, ¡qué osadamente presuntuosos seríamos si hiciéramos que la verdad nos siguiera a nosotros!

Debemos ver la gloria de la verdad de Dios y no tratar de poner nuestros sentimientos y emociones en su lugar. ¿Cuál es nuestra posición cuando nos comparamos con la verdad de Dios? No es que seamos más pequeños que la verdad, sino que no somos nada en comparación con ella. Un pequeño toque de nuestro yo puede dañar mucho a la verdad.

Un hermano escuchaba muchas críticas en contra de una iglesia, pero al principio pensaba que eran infundadas. Luego fue a visitar esa iglesia. Cuando estaba entre ellos, entró en contacto con solo algunos de los hermanos, sin realmente entrar en contacto con la verdad absoluta delante de Dios. Él era bastante descuidado en su conducta. Un día, un hermano de esa iglesia le señaló su anterior conducta irreflexiva basado en ciertos hechos. Lo hizo hablando la verdad en amor. Entonces, el que al principio había pensado que las críticas contra la iglesia eran infundadas, reaccionó hablando mal de esta misma iglesia. Todo esto simplemente revela que este hermano reaccionaba descontroladamente y no guardaba la verdad absoluta; porque si lo hubiera hecho, no habría cambiado su actitud hacia la iglesia simplemente por la reprimenda que había recibido.

¿Qué es el carácter absoluto de la verdad? Significa que ninguna consideración de afectos, relaciones o intereses personales puede entrometerse en la visión y la aplicación de la verdad. Significa que ninguna de estas cosas influye o puede influir sobre ella. Dado que la verdad es absoluta, el "sí" es "sí" y el "no" es "no".

Una vez había un hermano que había ayudado a muchas personas. Luego siguió el camino de mantener el testimonio de la iglesia. El hecho de que este camino fuera o no recto no se veía afectado por la forma en que él o cualquier otro haya andado. El hecho de que él siguiera ese camino no haría que este fuera recto. Aunque él cayera, el camino seguiría siendo recto. ¿Por qué? Porque la verdad es absoluta. Lamentablemente, eran muchos los que estaban observando a este hermano. Y ellos pensaban que si él era bueno, su camino sería el correcto. O si él no andaba bien, el camino no sería el correcto. ¿Qué estaban mirando, entonces? ¿Al camino, o al hermano? Es obvio que miraban al hermano. Por supuesto, esto no significa que se pueda ser descuidado. No debemos serlo, porque debemos mantener el testimonio de Dios. Ese es un hecho. Pero aun así, el hecho de que este camino de la Iglesia sea recto o no, es un tema que debe ser juzgado según la verdad, no según el hombre o la forma en que anda ese hombre. ¿Podemos dejar de ser cristianos simplemente porque otros cristianos han pecado o han caído? ¿Debemos negar nuestra fe porque los hijos de Dios son malos?

No, porque la verdad es absoluta. Si vale la pena creer en el Señor, creeremos a pesar de las fallas de los demás creyentes. Aunque otros no crean, nosotros seguiremos creyendo. Porque la resolución de este asunto no radica en las personas, sino en la verdad. Las divisiones en la Iglesia y las muchas luchas que hay en la obra desaparecerían por completo si quitáramos nuestros sentimientos y relaciones personales del medio.

El carácter absoluto de la verdad no es un tema insignificante. No podemos arriesgarnos a descuidarnos en esto, ya que si lo hacemos con este tema, lo haremos con todos. Podremos alcanzar la verdad si nos entregamos a nosotros mismos; pero si no tenemos esta decisión o este hábito delante de Dios, tarde o temprano caeremos. Quizá alguien le agradezca a Dios por la ayuda que ha recibido en una reunión de la iglesia local. Pero esto no prueba, necesariamente, que él sepa que la iglesia mantiene la verdad y el testimonio. Quizá simplemente se siente cómodo en la reunión. Pero espera hasta que se encuentre algo que le sea desagradable; entonces quizá se sienta en forma muy distinta en las reuniones. Sin embargo, la verdad sigue siendo absoluta. El hecho de que la reunión sea o no buena para él no debe depender de cómo lo traten. Si la forma en que lo tratan, bien o mal, le hace pensar que la reunión es buena o mala, entonces, ¡él es la persona más importante del mundo! Porque en ese caso, lo importante no es la verdad, sino él. Y, por consiguiente, él no será absoluto en su lealtad a la verdad. De aquí surgen muchos de los problemas de la iglesia de Cristo.

Dios quiere que trabajemos con nosotros mismos hasta el punto que podamos sacarnos del medio en cualquier asunto. Así, lo que sentimos, sea placer o dolor, no creará ninguna dificultad. La dirección que sigamos no será gobernada por lo que sintamos. Si Dios dice "sí", es "sí"; si dice "no", es "no". Si dice "este es el camino", caminaremos por él, aunque no lo haga nadie más. No caminaremos porque es muy divertido, ni porque hay otros hermanos que van por ese mismo camino. Iremos simplemente porque ese es el camino correcto y la verdad debe ser absoluta. No debemos permitir que nadie influya sobre nosotros, porque si lo permitimos, engrandeceremos más a esa persona que a la verdad.

El juicio también debe ser basado en la verdad, no en nosotros mismos. Si nuestros juicios siguen nuestros gustos personales, degradaremos la verdad y el camino de Dios. El fundamento del juicio de Dios es la verdad.

Al juzgar cualquier situación, no debemos fijarnos cómo nos trata la gente, sino exclusivamente cuál es la verdad del Señor. En la obra del Señor nunca debemos permitir que se involucren nuestros intereses y sentimientos personales. Si la verdad exige una separación, nos separaremos aun de nuestros mejores amigos. Aunque comamos juntos y vivamos juntos diariamente, por seguir la verdad absoluta, nos separaremos a pesar del afecto humano. De la misma forma, si la verdad exige que estemos juntos, no importa cuánto choquemos y nos enfrentemos, estaremos juntos. Si el hecho de que estemos juntos se basa en nuestras relaciones personales, esto indica que no sabemos qué es la verdad. Será muy difícil para nosotros terminar la carrera que nos espera.

El tema que hemos considerado es fundamental. Nuestro futuro depende de que aprendamos la disciplina de Dios. La verdad sufrirá en nuestras manos, si nos consideramos tan grandes e importantes. Cada uno tiene su temperamento y sus sentimientos. No permitamos que estos afecten la verdad de Dios. Ningún ministro del Señor puede sacrificar o rebajar la verdad por seguir lo que siente. Si restamos importancia a la verdad de Dios, no tenemos futuro espiritual con él. Un juez, en su estrado, debe mantener una actitud absoluta en lo relativo a la ley. Declarará culpable al pecador y no culpable al inocente. Por una parte, no puede declarar inocente al pecador porque este sea su hermano o amigo cercano. Por otra parte, un juez no puede condenar a una persona que no es culpable solo porque sea su enemiga. Si fuera así, este tipo de juicio crearía desorden en nuestra sociedad. El juez debe aplicar la ley. De la misma forma, quien cree en Dios y le sirve debe aplicar su verdad y su ley. No deben entrometerse las emociones humanas. Nunca olvidemos esto.

Dios debe trabajar con cada uno de nosotros. Digámosle: "Señor, yo no soy nada, pero tu verdad es todo". Si es así, no habrá dificultad en la tarea. Si todos los obreros pueden guardar la verdad absoluta, habrá grandes beneficios, ya que todos podrán hablar francamente y las cosas podrán hacerse fácilmente. Lo que se deba hacer se hará sin miedo de traer condenación sobre otros obreros. Lo que decide todo es la voluntad de Dios. ¿Es esta su decisión? Si es su voluntad, si Él lo desea así, no necesitamos estudiar nada más. Pero si no vemos la verdad absoluta, nos será difícil avanzar; porque cuando surja algo, todos estarán pensando qué dirán los demás; y así, buscaremos la forma de negociarlo, y la verdad sufrirá por causa nuestra en ese proceso. Además, habrá muchas palabras que no nos atreveremos a decir, y temas que no osaremos decidir por miedo a ofender a otras personas. Y nos encontraremos así en un gran problema.

Toda iglesia que apoya la verdad de Dios y rechaza las políticas humanas, es bendecida. Los hermanos de esta iglesia no hacen política ni negocian un compromiso. Todo lo contrario, con la verdad absoluta, todos se atreven a hablar y actuar como es necesario; solo buscan la voluntad de Dios en la decisión. Si esto sucede, la iglesia será grandemente bendecida por el Señor. Si no es así, vendrán las consideraciones personales, se jugará a la política y se harán muchos cambios por compromiso, hasta que la iglesia local ya no sea iglesia.

Todo esto debe ser cuidadosamente presentado delante del Señor, porque es un tema grave y delicado. Ningún sentimiento ni afecto personal debe ser involucrado en la tarea. Aunque tengas conciencia de que tu afecto personal podría hacer que la gente acepte la verdad, de todas maneras, no debes darle lugar. Por ejemplo, no sería correcto que invites a alguien a tu casa con la idea de influir sobre él para que apoye la verdad, porque aunque sería un buen gesto de tu parte apoyar la verdad en este asunto, creemos que la verdad no necesita ninguna mano humana que la apoye, porque la verdad de Dios, absoluta, tiene posición, autoridad y poder propios. Y, por lo tanto, no necesita que la ayudemos a que su causa avance. Por tanto, jamás debemos temer que la verdad, al ser rechazada, sea vencida; porque en el final, ella prevalecerá, sin ayuda alguna de nuestra parte. Nuestra responsabilidad, simplemente, es esta: debemos aprender a respetar la verdad de Dios, andar en ella y nunca negociarla. Amén.

No descuides tu cuerpo

Otro de estos temas con los que queremos terminar es cómo debe cuidar su cuerpo el obrero de Dios. Sabemos que Pablo era un hermano con muchos dones, y que muchas veces curó a los enfermos por medio de la oración. Pero él menciona a tres personas que nunca fueron curadas. Uno era Trófimo, otro Timoteo, y el otro, él mismo. Cuando Trófimo estaba enfermo, Pablo no oró por su sanidad, ni ejercitó su don de sanidad. En cambio, dijo: *"A Trófimo dejé en Mileto enfermo"* (2 Timoteo 4:20a). Timoteo tenía problemas estomacales y se enfermaba muchas veces. Nuevamente, Pablo no usó su don ni oró por sanidad. Sabemos que él sanó a muchos enfermos. Si él curó a otros, ¿por qué no pudo curar a Timoteo? Este joven siervo de Dios iba a continuar la obra de Pablo y era de mucha ayuda, pero aun así, Pablo no curó la enfermedad de Timoteo. Porque esto estaba en manos de Dios, no de Pablo. Por eso, ¿qué dijo el apóstol? *"Ya no bebas agua, sino usa de un poco de vino por causa de tu estómago y de tus frecuentes enfermedades"* (1 Timoteo 5:23). En otras palabras, Timoteo debía cuidarse más: debía comer lo que era bueno para el cuerpo, y evitar comer cosas que le hicieran mal; debía beber lo que le ayudaría en sus problemas de estómago y no beber lo que podía hacerle peor. Estas fueron las recomendaciones que Pablo le hizo a Timoteo. Y en cuanto a Pablo mismo, él tenía *"un aguijón en la carne"*, por el cual le pidió al Señor tres veces que se lo quitara. Pero el Señor no creyó oportuno curarlo; solo le dijo: *"Bástate mi gracia"* (2 Corintios 12:9a). Trófimo quedó enfermo; Timoteo siguió con sus problemas estomacales y sus otras frecuentes enfermedades; y el aguijón que Pablo tenía en la carne quedó allí.

Son necesarios entre diez y veinte años para que una persona esté tan entrenada por Dios que sea considerablemente útil. Se necesita realmente un período tan largo para que alguien madure en el camino del Señor. Pero debido a que no saben cuidar su cuerpo, quizá algunos mueran antes de que haber sido entrenados durante el tiempo suficiente. O quizá algunos mueran poco después de haber llegado al camino del Señor y haber llegado a ser verdaderamente útiles para el Señor, luego de años de preparación.

En las iglesias, no todos deberían ser niños, ni todos jóvenes. Las iglesias necesitan padres. Por esta razón todos los que sirven a Dios deben considerar el tema del cuidado de su cuerpo. ¡Qué triste es que un hermano muera antes de llegar a una determinada edad, luego de haber sido preparado durante algún tiempo! Sabemos de muchos que se quiebran a mitad de camino, así como a veces la arcilla se arruina en manos del alfarero. Cuando el alfarero gira la rueda, no todos los vasos salen perfectos, libres de toda falla. Algunos de los vasos humanos se arruinan en la hechura, incluso antes de pasar por el fuego. Es una pérdida. La iglesia pierde muchos miembros porque no pueden pasar las pruebas. Caen tan pronto como se encuentran con las tentaciones. Si por la misericordia de Dios no somos quebrados ni tenemos fallas, quizá todavía debamos pasar por la obra de la cruz en nuestras vidas para hacernos aún más útiles. Puede llevarnos mucho tiempo atravesar una prueba del Señor. Puede llevarnos uno o varios años. La cantidad de pruebas en la vida de un hijo de Dios es bastante limitada. No tenemos muchas oportunidades de ser probados. Muchos se quiebran o se rompen en el tiempo de prueba, y no obtienen buenos resultados de ella. No son muchos los hijos de Dios que salen triunfantes de las pruebas. ¡Son incontables los que caen en el camino! Es una lamentable pérdida.

De los aproximadamente seiscientos mil israelitas, solo dos vivos y dos muertos entraron a Canaán. Pocos siguieron viviendo y cruzaron la frontera. ¡Qué trágico es que alguien muera justo cuando falta tan poco para que la prueba termine! Si Dios ha determinado que debemos morir temprano, no hay nada que decir. Pero si tratamos mal a nuestro cuerpo, la obra de Dios sufrirá. Para que la iglesia sea verdaderamente rica en lo espiritual, debe tener entre sus integrantes

personas de setenta, ochenta y noventa años de edad. Si el
Señor hace una excepción y llama a uno o dos siervos suyos
antes, no tenemos nada que decir. Pero para poder ser útiles
en la obra, debemos cuidar un poco más nuestro cuerpo.
Uno de los problemas de la obra de Dios es que justo en el
momento en que una persona está casi preparada, sus días
sobre la Tierra lleguen a su fin. Antes de que se haga la obra,
el cuerpo ya está dañado. Tan pronto como el hermano em-
pieza a ser usado, parte para estar con el Señor. ¡Qué triste
es esto!

Por lo tanto, no pensemos que es correcto descuidar a
nuestro cuerpo. Es cierto que debemos estar dispuestos a padecer y debemos someter a nuestro cuerpo para que nos
obedezca. Pero cuando sea posible, debemos cuidar nuestro
cuerpo. Es fácil ser negligente; tener cuidado no es tan fácil.
Debemos aprender a comer alimentos sanos y cuidar nuestro cuerpo de otras maneras. Pueden llegar momentos en
que debamos darnos por entero, si el Señor y la obra lo de-
mandan. En los días normales, sin embargo, debemos aprender a cuidar nuestro cuerpo de la mejor manera que puedan
hacerlo los hombres.

Siempre tengamos en mente que si perdemos aunque
sea un solo obrero, perderemos diez o veinte años de trabajo del Señor en esa persona. No hay muchas décadas o
veintenas de años en la vida de una persona. Cuando alguien recién comienza a servir al Señor, puede tener algunos dones, pero raramente es de mucha utilidad en el ministerio. Para llegar a ser verdaderamente útil, necesitará
una o dos décadas. Y esta estimación del tiempo es solo
válida para aquellos que caminan en línea recta en el camino del Señor. Si no caminan derecho, quizá no lleguen
a ser útiles aun después de ese largo período. No es algo
simple que el Señor pase veinte años entrenando a una

persona. Durante esos muchos años, quizá él deba ser cincelado y forjado muchas veces por el Señor. No es simple el hecho de que una persona que va a ser útil deba sufrir, llevar la cruz, ser forjado y estar bajo la mano de disciplina del Señor, no solo por uno o dos años, sino por diez o veinte largos años. Si durante este período él descuida su cuerpo, se irá antes de alcanzar la época en que pueda ser más útil. ¡Qué triste y lamentable es esto!

Una vez le preguntaron a un hermano anciano: "Según lo que usted mejor recuerde, ¿cuándo cree usted que ha sido más útil en toda su vida hasta ahora?" Él pensó un rato y luego respondió: "Entre los setenta y los ochenta años". Verdaderamente, la utilidad espiritual aumenta con los años. Cuanto más tiempo estés en el camino del servicio, más útil serás. Hemos notado, lamentablemente, que a lo largo de este camino algunos han muerto, algunos se han arruinado, otros están destrozados, otros han sido de poca utilidad, mientras que otros no han sido útiles en lo más mínimo. Muy pocos llegan a ser útiles luego de veinte o treinta años de preparación, pero para ese momento ya están a punto de partir de esta Tierra. ¡Esto es realmente muy, muy triste! Sí, cuantos más días pasamos aprendiendo delante de Dios, más útiles somos. Pero es verdaderamente muy lamentable que terminemos nuestras vidas prematuramente.

Hablando más específicamente del cuerpo, debemos prestar atención a los cuidados preventivos así como a los de rutina. Reconocemos fácilmente que debemos estar dispuestos a padecer, y muchas veces realmente tenemos que seguir adelante a pesar de la presión de circunstancias muy difíciles. Pero en condiciones normales debemos aprender a cuidar de nuestro cuerpo. No podemos darnos el lujo de ser imprudentes en este sentido.

En cuanto al descanso, debemos descansar cuando es el tiempo adecuado. Estamos bajo tal presión que algunas veces no sabemos relajarnos cuando estamos en la cama. Si seguimos tensos allí, perdemos el valor del sueño. Debemos aprender a descansar cuando estamos sentados. Un obrero debe poder estar en tensión cuando es necesario, pero debe poder relajarse también, durante unos pocos minutos de ocio. Si no lo hace, estará tenso todo el tiempo, lo cual no es bueno. Debemos aprender a relajarnos.

Durante el tiempo libre debes relajar los músculos. Al dormir, deja sueltos los pies y las manos. Como siervos de Dios, podemos estar en tensión en momentos en que es necesario (más aún que los más fuertes, porque nuestro cuerpo nos obedece). Pero nadie puede estar tenso todo el tiempo. Nuestros músculos y nervios deben poder aflojarse y descansar. Muchas veces debemos hacer un esfuerzo consciente por encontrar oportunidades para descansar, de forma de poder recuperar el equilibrio. Si no es así, pasaremos el límite del exceso de trabajo y nos iremos al extremo. No seamos extremistas en esto.

Como en todo lo demás, debemos aprender a confiar a Dios en lo relativo a nuestro cuerpo, y al mismo tiempo aprender a descansar como lo ordena la naturaleza. Debemos aprender a relajarnos. Entonces nos será fácil descansar e ir a dormir. Según lo que han experimentado algunas personas, la cantidad de veces que inhalamos puede ayudarnos a dormir. Durante el sueño, nuestra respiración es más profunda. No podemos controlar las veces que inhalamos, pero sí la profundidad con que lo hacemos. Podemos contar la cantidad de veces que tomamos aire. Aprendamos a respirar lenta y prolongadamente, de la misma manera que lo hacemos cuando dormimos. No pensemos solamente en dormir, sino en la forma en que respiramos.

Comencemos por respirar como cuando dormimos, y después de un rato vendrá el sueño. Muchos utilizan este método cuando se van a dormir. Creemos que Dios ha creado este cuerpo con la capacidad de dormir. No solo creemos en Dios mismo, sino también en las leyes de su creación. Necesitamos dormir, y podemos dormir.

Así que trata de relajar todo tu cuerpo para poder descansar un poco. Si no puedes descansar, no podrás evitar estar en tensión. Y si estás tenso día y noche, no podrás hacer mucho. Algunos se enferman, pero si tú aprendes a cuidar mejor tu cuerpo, puedes ahorrarte muchos problemas.

Esto también se aplica a la alimentación. En esta área el obrero debe buscar la nutrición, no el gusto. Debe comer más comidas nutritivas, y menos, o nada, de las que no lo son. También debemos tener cuidado de no comer demasiado, y aprender a comer de todo. Algunos hermanos y hermanas comen solamente un grupo muy selecto de alimentos. Este hábito no es bueno para el cuerpo. Necesitamos comer varias clases de alimentos. Si comemos solo algunas cosas, quizá no notemos la deficiencia ahora, pero seguramente después descubriremos sus efectos. La clase de alimentos que come una persona influye en la duración de su vida.

Otro beneficio de comer varias clases de alimentos, es lo conveniente que resulta para el obrero. Si no es así, cuando salgas a trabajar, crearás muchos problemas cuando no quieras comer las cosas que te ofrecen. Naturalmente, por supuesto, la excepción en este caso es alguna enfermedad. Pero en las situaciones normales, debes aprender a comer todas clases de alimentos. Como dijo el mismo Señor Jesucristo: *"Comed lo que os pongan delante"* (Lucas 10:8). Realmente, este es un buen principio para seguir.

Una vez, en un barco, un creyente le preguntó a otro: "¿Por qué el Señor Jesús multiplicó los panes y los pescados?" Y el otro le respondió: "La abundancia del mar complementa la abundancia de la tierra". Qué bien expresado. Los hijos de Dios deben aprender a comer de la abundancia del mar así como la de la tierra. Los alimentos que comamos deben ser lo más variados que sea posible.

No creas que este tema es insignificante. Si tú no solucionas este asunto, tu salud se resentirá. Debes hacer que tu cuerpo te obedezca. Aunque al principio pueda ser un poco molesto, porque quizá algunas comidas no te gusten, debes trabajar en esto y aprender a comer de todo. Necesitas, por una parte, estar dispuesto a sufrir, y por otra, debes aprender a cuidar tu cuerpo. No estamos de acuerdo con los que no cuidan su propio cuerpo. No creas que hablar de la higiene es algo tonto. Ser higiénico es más difícil que no serlo, porque requiere dominio de sí mismo. Aprende a comer comidas nutritivas. No dejes que lo que comes sea determinado por lo que te gusta, sino por lo que tu cuerpo necesita. ¿Cómo puedes descuidar tu cuerpo si el Señor ha pasado tantos años trabajando en ti? Préstale atención a la higiene preventiva. Esfuérzate por responder a las necesidades de tu salud, en todo lo que el Señor te permita. Acepta lo que te es beneficioso, y rechaza lo que te hace daño.

Por una parte, aprende a negarte a ti mismo y ser fiel hasta la muerte; por otra, a menos que el Señor te ordene lo contrario, cuida tu cuerpo. Dondequiera que vayas, trata de ser higiénico, pero que esto no sea una carga para los hermanos de ese lugar. Aprende a confiar en Dios en medio de un ambiente poco sano. Pero en condiciones normales, préstale atención a la higiene para que tu cuerpo no sufra daños innecesarios.

Enseñado en todo

Hay otra área de la formación del carácter que debe considerar un obrero de Dios. Debe aprender a no obsesionarse con su estilo de vida. Un siervo de Dios jamás debe establecer para sí mismo un estilo de vida absolutamente subjetivo: ni tampoco debe insistir en que las cosas se hagan como él quiere. Para servir bien a Dios, debemos "hacernos de todo a todos" según el principio bíblico de no ofender a nadie. Pablo escribe sobre esto así:

Por lo cual, siendo libre de todos, me he hecho siervo de todos para ganar a mayor número. Me he hecho a los judíos como judío, para ganar a los judíos; a los que están sujetos a la ley (aunque yo no esté sujeto a la ley) como sujeto a la ley, para ganar a los que están sujetos a la ley; a los que están sin ley, como si yo estuviera sin ley (no estando yo sin ley de Dios, sino bajo la ley de Cristo). Me he hecho débil a los débiles, para ganar a los débiles; a todos me he hecho de todo, para que de todos modos salve a algunos (1 Corintios 9:19-22).

Por amor al evangelio, Pablo se hizo de todo a todos. Aquel que sirva al Señor debe tener esta misma cualidad.

En otro lugar, el apóstol escribe: *"Sé vivir humildemente, y sé tener abundancia; en todo y por todo estoy enseñado, así para estar saciado como para tener hambre, así para tener abundancia como para padecer necesidad"* (Filipenses 4:12). Es fácil para los hombres desequilibrarse, es decir, les es fácil irse a los extremos. Para algunos, ser cristianos es vivir en prosperidad y abundancia; para otros, es vivir humildemente, tener hambre y padecer necesidad. Pero Pablo dice que ha aprendido a vivir humildemente y a tener abundancia, a estar saciado y a tener hambre. Había aprendido el secreto de todas estas cosas, que es: *"Todo lo puedo en Cristo que me fortalece"* (v. 13). Así Pablo podía aceptar la vida en cualquier circunstancia.

Lamentablemente, algunos hermanos y hermanas se obsesionan con su forma de vida diaria, de forma que sus hábitos se vuelven imposibles de quebrar o cambiar. Algunos deben tener siempre agua tibia para lavarse la cara; otros deben poder afeitarse todos los días. Si van a un lugar donde no pueden vivir como viven normalmente, les resulta insoportable. Aunque estos asuntos puedan parecer insignificantes, realmente pueden ser obstáculos para la obra del Señor. Personas así no pueden ser siervos de Dios. Un obrero no debe ser tan rígido en sus hábitos y rutinas diarias; debe poder lavarse con agua tibia o fría; debe poder afeitarse todos los días o pasar uno o dos días sin afeitarse; debe poder cambiarse la camisa todos los días o usar la misma durante varios días si es necesario; y debe poder dormir en una cama blanda o dura. Si una persona es verdaderamente un siervo de Dios, podrá adaptarse a todo tipo de situaciones.

El temperamento y la edad tampoco deben ser limitaciones para un obrero de Dios. Por ejemplo, en algunos lugares las personas son naturalmente cálidas y extrovertidas, mientras que en otras su temperamento es más frío. Un siervo de Dios debe poder trabajar entre estas dos clases de personas. Supongamos que el temperamento de un obrero es más bien frío; si puede trabajar solo con personas de temperamento similar al suyo, y no con aquellos que son más cálidos y extrovertidos, la obra del Señor sufrirá. Lamentablemente, vemos que algunos pueden trabajar con quienes son entusiastas, pero no con los que son más tranquilos; que algunos pueden trabajar con los que son serios pero no con los que son más divertidos. Estas inclinaciones temperamentales limitan la obra de Dios. También están aquellos que pueden comunicarse bien con los mayores, pero no con los jóvenes o los niños. Esta disposición puede limitar la obra de Dios.

No olvidemos que el Señor recibió a los ancianos y bendijo a los niños. Dios quiere que seamos como Cristo; que recibamos a los ancianos y bendigamos a los jovencitos. Esto no es muy diferente de lo que Madame Guyon escribió una vez, cuando señaló que una persona que está completamente unida a Cristo puede ser consejera de los ancianos y amiga de los niñitos. Esta capacidad de adaptarse es lo que también nosotros necesitamos en nuestro estilo de vida cristiano, como siervos del Señor.

Esto nos lleva al tema de atacar al yo, ¿no es cierto? Nuestro yo debe estar tan completamente quebrantado que Dios pueda colocarnos en cualquier situación. No debemos ser obstinados, ni extremistas. Pablo podía ser todo a todos porque Dios había obrado en él. Que todos experimentemos esa misma obra de Dios en nosotros, para que nuestra disposición y nuestros hábitos no sean tan rígidos ni estén fijos en sólo una dirección. De esta forma no limitaremos la obra de Dios ni seremos obstáculo para ella.

Principios sobre familia

Quien realice la obra del Señor también debe comprender claramente, y tener soluciones adecuadas, para los temas de la virginidad, el matrimonio y otros relacionados con ellos. Estos temas generalmente quedan sin tratar, pero sentimos la necesidad de dar alguna instrucción bíblica sobre ellos, ya que son muy importantes en la vida de un obrero de Dios.

En cuanto a la virginidad, Pablo da instrucciones muy precisas en 1 Corintios 7:

En cuanto a las vírgenes no tengo mandamiento del Señor; mas doy mi parecer, como quien ha alcanzado misericordia del Señor para ser fiel. Tengo, pues, esto por bueno a causa de la necesidad que apremia; que hará bien el hombre en quedarse como está. ¿Estás ligado a mujer? No procures

soltarte. ¿Estás libre de mujer? No procures casarte. Mas
también si te casas, no pecas; y si la doncella se casa, no pe-
ca; pero los tales tendrán aflicción de la carne, y yo os la
quisiera evitar. Pero esto digo, hermanos: que el tiempo es
corto; resta, pues, que los que tienen esposa sean como si no
la tuviesen; y los que lloran, como si no llorasen; y los que
se alegran, como si no se alegrasen; y los que compran, co-
mo si no poseyesen; y los que disfrutan de este mundo, como
si no lo disfrutasen; porque la apariencia de este mundo se
pasa. Quisiera, pues, que estuvieseis sin congoja. El soltero
tiene cuidado de las cosas del Señor, de cómo agradar al Se-
ñor; pero el casado tiene cuidado de las cosas del mundo, de
cómo agradar a su mujer. Hay asimismo diferencia entre la
casada y la doncella. La doncella tiene cuidado de las cosas
del Señor, para ser santa así en cuerpo como en espíritu; pe-
ro la casada tiene cuidado de las cosas del mundo, de cómo
agradar a su marido. Esto lo digo para vuestro provecho; no
para tenderos lazo, sino para lo honesto y decente, y para
que sin impedimento os acerquéis al Señor (vv. 25-35).

Aquí se nos muestra que el beneficio de la virginidad radica en que permite que la persona sirva al Señor con mayor
diligencia y sin distracción. En este sentido, es una ventaja
sobre quien tiene familia.

Sin embargo, esta palabra no se aplica a todos. Veamos lo
que Pablo dice a continuación sobre este tema:

Pero si alguno piensa que es impropio para su hija virgen
que pase ya de edad, y es necesario que así sea, haga lo que
quiera, no peca; que se case. Pero el que está firme en su co-
razón, sin tener necesidad, sino que es dueño de su propia
voluntad, y ha resuelto en su corazón guardar a su hija vir-
gen, bien hace. De manera que el que la da en casamiento
hace bien, y el que no la da en casamiento hace mejor. La
mujer casada está ligada por la ley mientras su marido vive;

pero si su marido muriere, libre es para casarse con quien quiera, con tal que sea en el Señor. Pero a mi juicio, más dichosa será si se quedare así; y pienso que también yo tengo el Espíritu de Dios (vv. 36-40).

Lo que se dice aquí es suficientemente claro. Si alguien piensa que no está actuando correctamente con respecto a su propia virginidad, que está pasando de edad y es necesario que se case, que haga lo que le parezca correcto. La decisión de quedarse soltero o no es suya. Nadie más puede decidir por él. Debe decidirlo no solo según a quién elige en su corazón, sino según si tiene o no necesidad. Tiene plena autoridad sobre su propia voluntad.

En el evangelio de Mateo encontramos este pasaje:

Le dijeron [a Jesús] sus discípulos: Si así es la condición del hombre con su mujer, no conviene casarse. Entonces él les dijo: No todos son capaces de recibir esto, sino aquellos a quienes es dado. Pues hay eunucos que nacieron así del vientre de su madre, y hay eunucos que son hechos eunucos por los hombres, y hay eunucos que a sí mismos se hicieron eunucos por causa del reino de los cielos. El que sea capaz de recibir esto, que lo reciba (19:10-12).

Si unimos la última frase del versículo 11 con la última frase del 12, tenemos esto: "...*a quien[es] es dado* (...) *que sea capaz de recibir esto, que lo reciba*". Está bastante claro que a quien se le da esta palabra, que la reciba.

Para tener el tiempo apropiado para servir al Señor diligentemente, sin distracción, es mejor quedarse soltero. Entre los discípulos de nuestro Señor, Juan fue uno que se quedó soltero. Pablo, que llegó un tiempo después, también era soltero. Pero si hubieran tenido necesidad de casarse, podían haberlo hecho; no es pecado. La diferencia entre la virginidad y el casamiento no es el tema del pecado, sino una consideración de tiempo, diligencia y distracción.

El cuerpo ha sido creado por Dios, y todas sus necesidades también fueron creadas por él. Por esto, el matrimonio es santo. Pero cualquier demanda del cuerpo que se satisface fuera del matrimonio, es pecado a los ojos de Dios. ¿Por qué casarse? Para evitar cualquier relación fuera del matrimonio. Casarse no sólo no es pecado; puede servir como prevención del pecado. El matrimonio no es una caída moral; es lo que previene la caída.

Pablo también habla específicamente sobre el matrimonio en 1 Corintios 7:

En cuanto a las cosas de que me escribisteis, bueno le sería al hombre no tocar mujer; pero a causa de las fornicaciones, cada uno tenga su propia mujer, y cada una tenga su propio marido. El marido cumpla con la mujer el deber conyugal, y asimismo la mujer con el marido. La mujer no tiene potestad sobre su propio cuerpo, sino el marido; ni tampoco tiene el marido potestad sobre su propio cuerpo, sino la mujer. No os neguéis el uno al otro, a no ser por algún tiempo de mutuo consentimiento, para ocuparos sosegadamente en la oración; y volved a juntaros en uno, para que no os tiente Satanás a causa de vuestra incontinencia. Mas esto digo por vía de concesión, no por mandamiento. Quisiera más bien que todos los hombres fuesen como yo; pero cada uno tiene su propio don de Dios, uno a la verdad de un modo, y otro de otro. Digo, pues, a los solteros y a las viudas, que bueno les fuera quedarse como yo; pero si no tienen don de continencia, cásense, pues mejor es casarse que estarse quemando (vv. 1-9).

Este pasaje señala que uno de los propósitos del matrimonio es evitar la fornicación. Al mismo tiempo también revela que algunas personas reciben un don especial de Dios por el cual no tienen necesidad de casarse. Pero para aquellos que no han recibido ese don, es mejor que se casen antes que arder de pasión.

No exageremos con el tema de la virginidad. Sabemos que Pablo era soltero, pero él le dijo a Timoteo que en los últimos tiempos habría doctrinas de demonios y de espíritus seductores que prohibirían casarse (ver 1 Timoteo 4:1, 3). Por eso debemos mantener el equilibrio de la Palabra de Dios: creemos, por una parte, que la virginidad y la vida célibe son buenas, pero por otra parte, también creemos que el matrimonio es santo. El matrimonio ha sido instituido por Dios en la misma creación, desde el principio; por lo tanto, prohibirlo es sin dudas una doctrina de demonios.

Quien trabaja en la obra del Señor y ya está casado debe ordenar su familia de tal forma que no distraiga demasiado su servicio. Otro punto que queremos señalar aquí: la línea de separación entre el trabajo y la familia debe ser clara, a menos que los miembros de la familia sean también obreros. Si no es así, no deben involucrarse en la obra. No lleves el trabajo a tu familia, ni dejes que tu familia gobierne el trabajo. ¡Un hermano una vez comentó que había ido a trabajar para el Señor en un determinado lugar, porque su esposa había hecho una promesa por él! ¡Qué extraño! El hecho es que no solo su familia, sino ni siquiera sus compañeros en la obra, pueden prometer por él. La línea de demarcación entre nuestro trabajo para Dios y la relación con nuestra familia debe estar claramente señalada. Por ejemplo, quien sirve al Señor no debe contar tranquilamente a su familia los problemas espirituales de los hermanos y hermanas de las iglesias. Los miembros de su familia deben enterarse de estas cosas al mismo tiempo que los demás hermanos y hermanas. Los obreros de Dios que hablan imprudentemente con sus familias, crean numerosas dificultades.

Un asunto más que deseamos tocar, es la relación adecuada en cuanto a la comunicación entre hermanos y hermanas. Si un hermano tiende a trabajar solamente entre las hermanas, no debe permitírsele que trabaje. Si una joven hermana desea trabajar solamente entre hermanos, no debería permitírsele que sirva. Observemos estrictamente el siguiente principio: bajo condiciones normales, los hermanos deben trabajar entre hermanos, y las hermanas entre hermanas. El Hijo de Dios nos dio un buen ejemplo de esto cuando estuvo en la Tierra. La línea que separa a Juan 3 de Juan 4 es muy distintiva. En el capítulo 3, vemos que el Señor recibió a Nicodemo de noche; en el capítulo 4, vemos que habló con la mujer samaritana a plena luz del día. Según el capítulo 3, es muy probable que haya recibido a Nicodemo en una casa; según el capítulo 4, encontró a la mujer samaritana junto a un pozo de agua, público. Habría sido inconveniente que se hubieran revertido las situaciones, en lo que respecta a la mujer. Las conversaciones que nuestro Señor tuvo con Nicodemo y con la mujer samaritana ocurrieron en ambientes completamente diferentes. Esto nos da un buen ejemplo para seguir.

No decimos aquí que no debe haber ninguna comunicación o compañerismo entre hermanos y hermanas que están en la obra. Solo decimos que si algunos hermanos y hermanas tienden a moverse casi exclusivamente entre miembros del otro sexo, debemos detenerlos. No es preciso decir que en Cristo no hay varón ni mujer. No hay barreras entre hermanos y hermanas. Deben tener una buena comunión. Simplemente es conveniente que aquellos que tienen el hábito de comunicarse e interactuar únicamente con el otro sexo respeten el trato adecuado. Esperamos que los hermanos y hermanas se mantengan espontánea y naturalmente dentro de los límites correctos en su interacción unos con otras. Si alguien sobrepasa esos límites, debe tratárselo con firmeza.

Que Dios nos dé la gracia para poder dar un buen testimonio en todas estas áreas. Amén.

Esperamos que este libro haya
sido de su agrado.
Para información o comentarios,
escríbanos a la dirección
que aparece debajo.
Muchas gracias.

Libros para siempre

info@peniel.com
www.editorialpeniel.com